超圖解
投資規劃與管理

具備必懂投資知識→跨出投資的第一步→成功增加收益！

伍忠賢 博士 著

投資實戰教學專家不藏私傳授，深入淺出，面面俱到。

五南圖書出版公司 印行

作者自序　能夠讓你賺股票財的書才值得買

本書值得買的理由：

1. 台積電10年股票報酬率24%，占本書（第十三章）近一章。
2. 推薦三支開放型股票基金，10年持有，平均報酬率20%以上。

一、本書目標讀者

我們寫教科書、企管書，皆希望「以理論為基礎，運用於實務」，恰如2010年起臺灣開始流行的SUV汽車，兼具房車、旅行車的跨界功能。本書可用於社會人士（包括證券、公司財務部與投資人），與大學投資學、理財等。

1. 股票投資人到金融業：本書由淺入深，從新開證券戶的投資「小白」，到證券投資顧問公司的證券分析師、證券投信公司（即基金公司）研究員、基金經理、保險公司投資部，都是本書目標讀者。
2. 公司財務部投資人員：許多大公司財務部下設投資處。
3. 大學生：本書可以作為企管系、財務管理系等大二投資管理課程用書。

二、本書與作者其書的分工

以大學的大三課程「投資管理」來說，可說是承上（大二財務管理）啓下（各大類金融資產投資），必須跟相關課程密切銜接，亦不重複。

限於篇幅，本書以臺灣的股票投資為主，太複雜的金融商品（例如：期貨、選擇權等衍生性金融商品、商品投資），不是一個章節就可以說清楚的，本書不說明。

三、本書亮點：（投資管理）書中的iPhone

1991年7月1日，芬蘭諾基亞公司推出全球第一支量產的2G手機，型號1011。

2006年7月29日，蘋果公司推出iPhone手機，靠著觸控螢幕、強大的App內容，稱霸手機市場。2023年全球手機市占率，南韓三星24%、蘋果公司18%。

本書亮點有三：

1. 第十～十二章以全球手機獲利王美國蘋果公司為個案分析主角之一。

2. 第十三章以全球半導體業營收最大、晶圓代工業市占率60%的臺股權值王（占27%）台積電為對象，提出2023～2026年預估損益表，以及每股淨利、投資價格。

3. 在第十四章本益比中，以全球純電動汽車霸主美國特斯拉2010～2025年的損益表，說明其股價之「夢幻」。

四、感謝

俗話說：「經驗是最好的老師。」（Experience is the best teacher. 或Experience is the mother of wisdom.）我在華泰、三民出版公司寫了四本《投資管理》的教科書，在五南圖書公司則出版《超圖解投資規劃與管理》，必須歸功下列人士在我任職期間的教誨。依時間序羅列如下：

- 經濟學師學淵源：2011年諾貝爾經濟學獎得主是美國兩位大學教授Thomas S. Sargent與西姆斯（Christopher Sims），兩人在明尼蘇達大學任教時，恩師汪義育教授（本人大四導師、碩士班老師、博士論文指導老師）受業門下。這兩位師公強調因果關係的計量經濟學，不重視經濟數學，令我深受影響。

- 六大證券投資顧問公司（前身之一京華投顧）的許道義先生（凱基證券董事長）。

- 大華證券（前身之一為永信證券）副總徐文伯（3158，嘉實資訊董事長）。

- 謝林克顧問公司總經理謝政勳。

- 聯華食品工業公司（1231）董事長李開源。

投資領域廣又深，作者野人獻曝，感謝您的閱讀並期盼您的指正。

伍忠賢　謹誌於2023年11月

臺灣新北市新店區

目　錄

Chapter 1

學《投資管理》三大好處之一：投資致富

全景：投資管理的需求
——政府、公司與個人

俚語說：「錢不是萬能，但沒有錢，萬萬不能。」（Money is not everything, but without money, nothing is impossible.）本書第一章第一個單元，我們先由需求分析（demand analysis）開始，說明三大主體（政府、公司、家庭）皆需要錢，當本業收入不足，則需要「財務收入」（financial income）予以補足，以達到財務自由（financial independence）。

一、三種人（政府、公司與個人）投資需求

由表1-1可見，在金融經濟學（financial economics）（註：詳見Unit2-1）中，分成兩大類，即總體金融（macro finance）、個體金融（micro finance），個體金融依經濟個體（economic entity）分兩中類。

（一）自然人的個人理財（**personal finance**）

問題來自「高房價低薪」，以致人們為了買屋而省吃儉用，買屋後，房貸負擔率40%，排擠其他支出，成為「屋奴」，甚至不生小孩，以免養不起。

（二）法人分為兩小類

1. 政府財務管理（public finance，臺灣稱為財政學）：問題在租稅收入「入不敷出」，以勞動部勞動基金為例，可詳見本單元下項說明。
2. 公司財務管理（corporate finance）。

二、以臺灣的勞動基金為例

（一）問題

勞動部勞動保險司每雙數年（西元）1月14日左右，提出《勞保財務精算報告》。隨著1984年起「少子女化」的現象越來越嚴重，2017年起，勞動基金營業（保費）收入小於營業支出（主要是退休金給付）。此時，如果勞動基金能賺得財務收入，那就有雪中送炭的效果。

但問題出在勞動部勞動基金運用局的操盤績效「負缺口」，以圖1-1來說，近10年（2013～2023）的年平均報酬率5.05%，減去目標報酬率9%，有負缺口3.95%。以2024年1月26日的報告來說，預估2028年勞保基金「破產」（即勞保基金餘額出現負值），縱使不破產，迄2022年，160萬人月領退休金平均金額為1.83萬元，只能「勉強度日」。

（二）解決之道：向美國加州公務人員退休基金學習

　　2022年度（2021.7～2022.6）報酬率6.5%，縱使如此，近五年度（2018～2022）6.7%、近10年度（2013～2022）7.7%、近20年度（2002～2022）6.9%、近30年度（1993～2022）7.7%（整理自League & California City, CalPERS reports net investment return of -6.1% for fiscal year 2021～2022, 2022年8月24日）。

表1-1　總體與個體的實體面及金融面

層面	政府	公司	家庭
一、總體 （一）實體面： 以需求面為例	中央政府 *政府稅收 1. 政府支出 （Governmental Spending, GS）	所有公司 2. 投資 （investment, I）	所有家庭 3. 家庭消費 （household consumption）
（二）金融面 （macro finance）	1.國內金融 （domestic finance） 1.1 貨幣經濟學 （monetary economics）	2. 外匯金融 （foreign finance） 1.2 資本市場的資產定價	
二、個體 （一）實體面 （二）金融面 （micro finance）	地方政府 *政府管制 1. 財政學 （public finance）	一家公司 *公司理論：生產 2. 產業結構：公司財務（corporate finance）	*一個家庭 3. 消費者均衡：個人財務 （personal finance）

*為實體面。

圖1-1　個人、政府與公司金融投資報酬率缺口

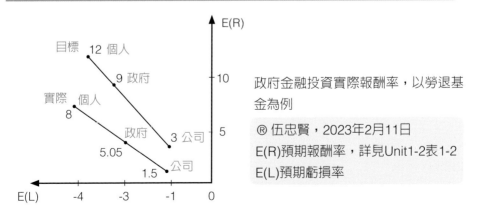

政府金融投資實際報酬率，以勞退基金為例

® 伍忠賢，2023年2月11日
E(R)預期報酬率，詳見Unit1-2表1-2
E(L)預期虧損率

1-2 投資人屬性與適配資產

「武大郎（《水滸傳》中武松的哥哥）玩夜貓，什麼人玩什麼鳥」，此俚語說明人養寵物應量力而為；也就是全世界沒有一種固定事物可以「放諸四海皆準」。投資也是如此，每個人希望的報酬率和可忍受的虧損率皆不同，因此應找到適配的資產組合。

一、複雜問題可能有簡單答案

許多人把問題弄得極複雜，例如：有給社會新鮮人、單親媽媽、蘇活族（SOHO）、雙薪家庭等投資人的保險、基金建議。問題沒那麼複雜，你去買運動服（或衛生衣），大都從四種尺寸選擇，即從「特大」（XL）、大（L）、中（M）和小（S）之中去找，邏輯便是身高，身高190公分以上挑「特大」、176至189公分挑「大」，餘類推。

二、四種投資人

由表1-2可見，我認為投資人的「民之所欲」可依年齡分成五類，許多基金公司更簡化成三群：冒險型（18～35歲）、成長型（36～55歲）與保守型（56歲以上的銀髮族）。同一年齡層的人，家庭狀況（婚姻、子女）、工作、購屋狀況大同小異，因此對投資目標、風險承擔的需求相去不遠。

（一）18～35歲的人，積極成長型：對高中畢業便出來上班或念大學而打工有收入的人來說，由於有工作，不必靠投資孳息過日子，資金可用五年以上，此時可以承受較高虧損，適合積極成長型資產。

（二）36～45歲的人，成長型：此年齡的中年人，有家有眷，每個月還須付房貸，因此，投資可容忍虧損的能力，比「一人吃飽全家飽」時為低，適合成長型資產。

（三）46～55歲，風險分散型：壯年期者子女快大學畢業、房貸也快還完，家庭負擔最重，但離退休很近，投資不能大起大落，因此適合風險分散型。

（四）56歲以上，收益型：銀髮族投資要「守」，適合投資收益型資產。

三、三個超級資產

1997年美國大和證券（Daiwa Securities）副總裁Robert J. Greer（1997）在《投資組合管理》期刊上發表的論文*What is an asset class, anyway?*第86～91頁，論文引用次數166次，提出超級資產（super class）的觀念，乃依資產性質來分。在生活中分類的目的是化繁為簡，各種資產（種類）適合各相應的年齡層，至於資產分類留待Unit1-3再來詳述。

地震、颱風有分級，投信投顧公會也把資產依報酬風險（Return Risk, RR）分成五級，風險第一低的是定存、第二低的是債券、第三低的是平衡型基金（債券七成、股票三成）、第四低的是股票，第五低的是衍生性資產。投信投顧公會的這五級分類，屬於序列尺度（即第一、第二等），而不是名目尺度，故無法論斷「度量衡」，也無法推論股票風險比債券高多少。

表1-2　人生不同階段的投資屬性與資產配置

投資屬性 ＼ 年齡	18～35	36～45	46～55	56～65	66歲以上
預期報酬率E(R)	24%	15%	10%	6%	3%
預期虧損率E(L)	8%	5%	3.3%	2%	0%
投資屬性	積極成長型	成長型	風險分散型	收益型	
投信投顧公會分類	RR5	RR4	RR3	RR2	RR1

圖1-2 個人生涯階段理財目標與資產配置

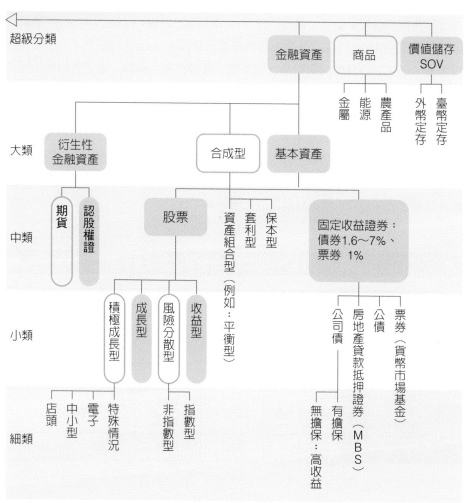

® 伍忠賢

資產的分類

資產分類方式的原則，大抵是依投資屬性，即報酬、風險。

一、投資屬性：報酬、風險

水果分類屬性只有「甜不甜、酸不酸」兩種，「甜而不酸」是大部分人的共同要求。由水果來看資產投資屬性就容易了解了，報酬率比較像水果甜度，風險像酸度。

二、資產分類

把各種資產依其風險、報酬率畫在圖上，恰成一條「證券市場線」（Security Market Line, SML），詳見圖1-3，說明如下。

（一）X 軸：資產的預期（年）虧損率

「投資風險」這名詞並不難懂，有賠才算風險，所以我們用預期虧損率來衡量投資風險。單一銀行300萬元以內（在美國為25萬美元）定期存款完全沒有風險，除非銀行和中央存款保險公司都倒了。股票碰到大多頭，指數一年可能上漲四成；但碰到空頭市場，也可能跌四成，遇到回檔也會跌一成。

（二）Y 軸：資產的預期（年）報酬率

由報酬率最低的固定收益證券到報酬率最高的衍生性金融商品，前者報酬率2～6%，而後者為125～175%。資產必要報酬率恰巧跟其本身既有的孳息能力成反比，像債券不管是固定或浮動利率，大抵比同一期限的定存利率還高；在「有底」的保障下，其投資風險就較低；相對的，投資人要求「風險溢酬」（risk premium）就比較低些。股票則沒有一定孳息，衍生性商品也無法孳息，尤其是衍生性金融商品可說完全沒有底，所以風險最高，連帶的，投資人也要求較高的預期報酬率。

（三）「預期」報酬率、虧損率

圖1-3的報酬率、虧損率都是「預期的」，如何了解各種資產、各個區域的預期報酬率、虧損率呢？最簡單的做法便是「以古鑑今」。你常會見到各基金的報酬率計算期間有過去一個月、今年至今、過去一年、過去三年、過去五年，另

一種做法則為預測法,隨著景氣榮枯,各種資產(尤其是股票)也有多頭市場(bull market)、空頭市場(bear market)循環的情況。

(四)報酬和風險間的關係

要想多賺一點,就得多負擔可能虧損的風險。由經驗法則來說,大部分人願意接受「三比一」的賠率,也就是輸了虧1元,但贏了賺3元。簡單的說,就是「一分風險、三分報酬」。

三、財務的化學元素週期表

化學把118種基本元素依其特性分群,例如:氦、氖、氬、氪、氙、氡等,稱為惰性氣體。同樣的,我們把資產的預期報酬率、虧損率標示於表1-3。

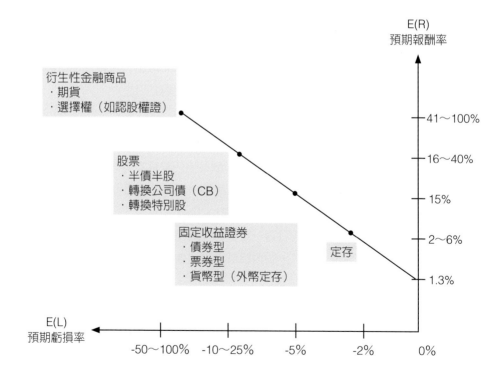

圖1-3　證券市場線(SML)

表1-3　各類資產應有的報酬率、虧損率比較表

資產類型		長期的投資屬性		以臺灣為例		投信投顧公會等級
		報酬率⑴	虧損率⑵	報酬率⑶=⑴X	虧損率⑷=⑵X	
衍生性金融商品	期貨	70X	23.33X	105%	35%	RR5
	選擇權（例如：認股權證）	50X	16.67X	75%	25%	
股票基金	積極成長型	30X	10X	45%	15%	RR4
	成長型	20X	6.67X	30%	10%	
	分散型	8X	2.67X	12%	4%	
	收益型	4X	1.33X	6%	2%	
股票	股票（大盤）	4X	1.33X	6%	2%	—
商品	能源	10X	3.3X	15%	4.95%	—
	黃金	5X	1.67X	7.5%	2.5%	
	房地產基金	3X	1X	4.5%	1.5%	
合成金融資產	組合基金	12X	4X	18%	6%	RR3
	攻擊型平衡基金	10X	3.33X	15%	5%	
	防禦型平衡基金	2X	0.67X	3%	1%	
	保本基金	6X	2X	9%	3%	
債（票）券	轉換特別股	2.6X	0.87X	3.9%	1.3%	RR2
	轉換公司債	2.2X	0.73X	3.3%	1.1%	
	無擔保公司債	1.5~2X	0.5~0.67X	2.25%	0.75%	
	有擔保公司債	1.4X	0.47X	2.1%	0.7%	
	資產擔保債券（ABO、MBS）	1.3X	0.43X	1.95%	0.645%	
	地方政府公債	1.2X	0.4X	1.8%	0.6%	RR1
	公債	1.1X	0.37X	1.15%	0.55%	
	票券	0.8X	0.26X	1.2%	0.39%	
標竿（b）	一年期定存	1X	0%	Rb*=1.5%	Lb=0%	—

* Rb：一年期定存利率，以臺灣銀行為基礎，2024年以整數1.5%便於舉例。

中日臺等地人民遭遇的理財困境，包括：

- ·流量：地狹人稠、高房價低薪，以致購屋貸款人士被房貸本金利息壓得喘不過氣，成為「屋奴」。
- ·存量：「少子化、老年化」的發展，生之者寡，食之者眾，勞工保險中的退休基金等，大約2028年會破產。

那麼人民是否努力「自力救濟」以「自求多福」呢？由臺灣主計總處每年4月公布之《國富統計報告》中的家庭財富統計，可看出人民在投資方面「停滯」，卻把財力集中到「退休金」與「保險」，可用「投資普通知識」來形容，本單元說明之。

一、家庭財富（健康）檢查

醫院透過檢驗人的血液、尿液，甚至電腦斷層等，可以大致了解人的健康狀況，財富健康也有檢查機制。

（一）以2021年來說，有兩大項比重需額外說明

1. 流動資產中「退休金與保險」占21.45%：退休金是指勞動部下轄勞工保險局的勞工保險數字及其代管的國民年金保險、軍公教退休金。保險指的是人壽保險中的儲蓄險（含年金保險）、投資型保險，資料來自於金管會保險局。

2. 非流動資產中房地產占33.76%：這項比重算低，主因是人口成長至2019年到頂，2020年起衰退，缺人買。但2021～2023年原物料成本上漲，房價漲上去，因此房地產金額有增加，但比率卻下滑。

二、趨勢分析

（一）上漲項目

退休基金與人壽保險項目每年提高，由2011年的15.48%到2021年為22.17%。以年金保險來說，保障收益率約1.8%，不適合作為投資工具供退休後之用。有價證券為18.93%，至於2015年下跌至14.87%，那是因為2015年股市下跌，股票跌價，有價證券占比下滑。

（二）下跌項目

現金與「約當現金」中的定期存款，比重由2011年的15.33%降至2021年的11.41%，這是好現象，因為縱使在2023年，臺灣一年期定期儲蓄利率約1.6%，算很低；但物價上漲率2.48%，存臺幣實質利率-0.88%（即1.6%－2.48%＝－0.88%）。

三、跟美國相比

（一）資料來源

2023年6月，美國商務部普查局公布的 *The Wealth of Households: 2021*，是根據2022年的「所得暨計畫參與」調查（Survey of Income and Program Participation, SIPP）。

（二）美國家庭不喜歡投資金融資產

由表1-4第八欄可見，美國家庭財產在有價證券占12.4%（股票11.9%、債券0.5%），看似很低；但在「退休基金與人壽保險」部分比重34.1%，這是因為1976年《稅法》401.1條鼓勵勞工、雇主多提撥退休金，有負稅利益，主要投資標的是股票型基金（stock fund）。

四、投資建議

把流動資產中的「現金及活存」挪3個百分點、「退休基金與人壽保險」挪6個百分點到有價證券，使其比重18.93%增加至27.93%。

以23～32歲時，每個月定期定額買一萬元安聯台灣科技基金，一年12萬元，年平均報酬率10%，h＝10年，10年複利約191萬元，將近200萬元，可賺得人生第一桶金。

　　12萬元　FVIFA（K%, n）

＝12萬元　FVIFA（10%, 10）

＝12萬元×15.937

＝191.244萬元

FVIFA稱為年金終值表中倍數，用語音搜尋便可查到。

表1-4　各類資產應有的報酬率、虧損率比較表

項目	2011年	%	2015年	%	2021年	%	美國
一、全景	—	—	—	—	—	—	2021年
1. 家庭財富淨值（兆元）	83.78	—	113.42	—	157.21	—	221（兆美元）
2. 家庭戶數（萬）	800	—	842.7	—	900	—	1.3
3. =(1)/(2)（萬元）	1,047	—	1,346	—	1,746	—	17（萬美元）
4. 期中人口數（萬）	2,318	—	2,346	—	2,336	—	33,200
5. 人均財富=(1)/(4)（萬元）	361	—	483	—	673	—	5.38（萬美元）
二、家庭財富結構	—	100	—	100	—	100	100
（一）流動資產	—	—	—	—	102.53	65.22	—
1. 現金與活存	10.3	12.3	12.84	11.32	21.43	13.63	8.1
2. 定期存款	13.01	15.33	15.97	14.08	17.93	11.41	—
3. 有價證券	14.21	16.96	16.86	14.87	29.76	18.93	12.4
4. 退休基金與人壽保險	12.97	15.48	19.97	17.6	34.86	22.17	34.1
5. 其他	3.46	4.13	6.52	5.75	7.08	4.51	4.6
6. 國外資產淨值	6.33	7.56	6.37	5.62	11.11	7.03	商業資產3.9
7. 貸款	—	-15.63	14.38	-12.69	19.64	-12.49	-3.2
（二）非流動資產	—	—	—	—	54.68	34.78	汽車2.3
1. 房地產	32.99	39.37	45.48	40.1	49.59	31.54	28.5
2. 家具與家電等	3.6	4.3	3.79	3.44	5.09	3.24	3.6

資料來源：《國富統計報告》2023年4月，第8頁表8；2021年資料整理自行政院主計總處。

美中臺家庭財富統計表

地	美國	中國大陸	臺灣
時	每年8月1日	每年3月10日	每年4月
人	商務部普查局	中國胡潤研究院	行政院主計總處
事	The wealth of households: 202X，X指2年前，共6頁	2023年的胡潤財富報告	國富統計，2022年

1-5 投資股票，長期年賺10%以上

　　投資上市（含上櫃，以下簡稱上市）股票，以加權指數（index of market prices，以下簡稱指數或大盤）為例，今天會漲會跌，不好預測，每五年就有一年會下跌，但是把時間拉長，縱使單筆買到最高點，往往第二年就漲回來，第三年就會賺。

　　簡單的說，買股票一年內有虧損的「風險」（risk），但中期（3年）以上，風險降到趨近於零，股票是投資獲利很棒的工具（investment tool或instrument；investment channel是指銀行、證券公司），本單元以美臺中指數為例。

一、股價指數報酬率與變動率

　　（一）股價變動率（rate of change of stock index）：舉例來說，一支股票股價年初為100元，年底110元，變動率10%。

　　（二）股價指數報酬率（stock index rate of return）：這是變動率加上配息報酬率，以前述股票為例，期中配現金2元，到年底投資人共有112元（110元股價加配息），股價指數報酬率12%。

二、美臺中指數變動率

　　（一）五年來看：全球經濟成長率大約2.6%，上市公司營收、淨利有成長，支撐股價往上漲，所以全球絕大部分股價指數往上，俗稱「多頭」、「牛市」。所以只要投資加權指數基金（stock index fund）五年以上，應不會虧損。

　　（二）有兩個股市：長期空頭，見表1-5B。

三、日中股市

　　（一）日本股市：這是日本泡沫經濟的後果之一，股市氣球吹到極大，1989年12月29日日經225指數漲到近39,000點。之後，日本因少子化等因素，經濟成長率微負，公司不賺錢，股價漲不上去。至2023年為34,363點，年漲28.2%，34年指數跌11.8%。但樂觀估計，2024年可達39,000點。

　　（二）中國大陸股市：2007年10月，中國大陸上海證券指數6,124點，背後反映的是，2008年8月北京市承辦夏季奧林匹克運動會的想像空間，尤其是五星級飯店超量興建，造成股市泡沫破裂。至2023年為2,975點，年跌3.7%，16年指數跌51.42%。

表1-5A　2018～2022年美中臺股價指數變動率、銀行1年期定存利率

項目＼年	2018	2019	2020	2021	2022	五年平均
一、美國						
1. 道瓊（%）	-5.63	22.34	7.25	18.73	-8.78	6.782
2. 標普500（%）	-6.29	28.88	16.26	26.89	-19.44	9.27
3. 那斯達克（%）	-3.88	35.23	43.64	21.39	-33.1	12.656
4. 銀行1年期定存利率（%）	2.15	1.55	0.7	0.25	3.5	1.63
二、中國大陸						
1. 上海（%）	-24.59	22.3	13.87	3.57	-15.13	0.004
2. 深圳（%）	-32.15	25.7	40.3	11.39	-21.67	4.714
3. 銀行1年期定存利率（%）	1.75	1.75	1.4	1.4	1.3	1.52
三、臺灣						
1. 指數（%）	-8.6	23.3	22.8	23.7	-22.4	7.76
2. 台積電（元）	222.5	331	530	615	448.5	429.4

表1-5B　全球重大股市空頭走勢

國家	高點	2023年	年／變動率
一、日本			
時間	1989.12.29	2023.12.29	34年
日經指數	38,957	34,363	-11.8%
二、中國大陸			
時間	2007.10.16	2023.12.29	16年
上證指數	6,124	2,975	-51.42%

1-6 買股票最需要的是跨出第一步的膽量

買股票跟開車很像，需要開車的能力（如通過監理站考試取得駕照），但更重要的是要有開車的膽量，這是必要條件，你才會去學開車。

一、就近取譬

（一）從兒童儲蓄談起

人們透過DNA，本能的有恐懼感。在嬰兒時期，怕陌生人、怕沒吃過的食物、甚至怕高，以求趨吉避凶。同樣的，父母在子女小學時，給子女開銀行（或郵局）存款帳戶，存壓歲錢、零用錢。等到小孩長大了，覺得銀行存款有中央存款保險公司保障，再加上銀行很少倒閉，以存款當投資方式，是沒風險的（risk-free）。但是「沒風險」的投資，年報酬率很低，以美元定存利率來說，長期在1.5%左右，2022～2023年例外，預估2025年又會回到長期趨勢。

（二）2022年全球股市都跌

由表1-6A可見，2022年全球股市約下跌20%，股票市場價值跌18兆美元。如果你只看2022年，就決定不投資股票（含股票型基金），把錢繼續放在銀行，那你可能會錯失股市投資的好處。

（三）繼續錢存銀行

2022～2023年全球各國中央銀行拉高利率，以打擊物價上漲；預期2024年物價上漲率跌到2%以下，利率會下跌，以美元一年期定存利率來說，大約2～2.5%。錢存銀行賺的利息很少，而且會被物價上漲給吃掉；這有如孩童只喝奶不吃飯菜一樣。

二、解決之道

我曾在大學教「個人理財」課程10年，2021年發明一招，拿出20個10元硬幣放在桌上，想投資友達（2409，或群創3481）的人，可以拿20元去買一股，不需還我。也就是「賠的算我的，賺的算你的」。每學期皆有學生因此去證券公司開戶，從小額投資做起，慢慢培養投資膽量。

三、專業有膽

俗語說：「成功細中取，富貴險中求。」這有不同含義。

（一）成功細中取：以股票投資來說，需具備許多專業知識等，魔鬼都藏在細節裡。

（二）富貴險中求（get richness from risking）：我不相信任何算命，也不喜歡談，此處為了解哪些人比較夠大膽去求富貴，看了一些星座文章，舉出三個星座是富貴險中求的典範（見表1-6B）。我認為只要基本投資知識足夠，再加上膽量（尤其是耐心），人人都可成為全球十大富豪中的美國股神華倫·巴菲特。

表1-6A　2022年臺、中股每位股民平均損失金額

項目	臺灣	中國大陸
⑴股市市值	臺幣 −13.49兆元 （上市 −12.13） （上櫃 −1.36）	人民幣 −13.02兆元 （78.44−91.46＝−13.02）
⑵股民人數（億人）	0.12	2.1
⑶＝⑴／⑵（萬元）	112.5	6.2

表1-6B　三個易投資賺錢的星座

星座	出生日期	說明	代表人物
1. 處女座 （占12%）	8.24～ 9.23	懂得學習，不做沒把握的事，持續不懈。	華倫·巴菲特（美國股神），第六章主要內容。
2. 白羊座 （公羊座）	3.21～ 4.19	適合收益型基金，很會找商機，行動派。	馬雲（中國大陸阿里巴巴創辦人）。
3. 天蠍座	10.24～ 11.22	提升自己能力、讓自己變得更好。	阿曼西奧·奧蒂嘉〔Amancio Ortega，西班牙印地紡公司（IndiTex）創辦人，旗下大品牌之一為在拉（ZARA）〕。 比爾·蓋茲（微軟公司創辦人）。

1-7 投資知識是必備的

如果你要「洗車」，下列哪種方法是正確的？

1. 先用水沖車上的灰塵，再用泡棉沾洗車精水洗。

2. 泡棉沾洗車精水洗。

直到2013年我才知道，方法2是錯誤的洗車之道，灰塵還在車上，用泡棉去擦洗，其效果跟用砂紙洗車一樣。許多生活常識是一點一滴學來的，投資是個專業，開車需要考駕照，同樣的，投資也需具備基本知識。

一、四種不及格的投資人

20世紀美國最活躍的股市投機客之一傑西·李佛摩（Jesse L. Livermore, 1877～1944）說：「有四種人不能投資，愚蠢的人、懶得動腦的人、情緒管理不佳的人、妄想一夜致富的人。」其中「愚蠢的人」指的便是「投資白痴」。

德國股神安德烈·科斯托蘭尼（Andre Kostolany, 1906～1999）說：「牛市（即多頭市場）可以賺錢，熊市（即空頭市場）可以賺錢，但是豬市不會賺錢。」意思是說，只有認真的投資人才能在多空行情下獲利，懶惰的投資人不可能賺錢。

二、老鳥有交代，菜鳥要學習

臺灣新北市淡水區鉅豐財經資訊公司執行長郭恭克說：「每個成功投資人的方法都不同，五花八門，但有一點都是相同的：他們的學習都是全方位的，而且具有獨立判斷的思考能力！寧願事前充分準備，也不要做事後再來後悔的決定！要投資股票或基金前，請先投資自己的腦袋！」知識是年輕人進入投資市場前的必要武裝，無知往往是投資最大的致命傷（摘錄自《今周刊》，2011年4月4日，第79～81頁）。

三、擁有普通常識即可

想靠投資賺小錢，套句美國股神華倫·巴菲特的說法：「投資不用聰明過人，但是必須要有適合的投資性格，而且要具備不受他人左右的性格。」

2013年9月，巴菲特在美國首都的喬治城大學與學生座談時，回應學生提問如何選股時回答：「買本『價值投資學之父』葛拉漢（Bejamin Graham, 1894～1976）的鉅作《智慧型股票投資人》。」

每年4月4日美國《富比士》雜誌公布「全球400大富豪榜」，股神巴菲特多年居於第五，2023年身價1,060億美元，主要是公司股價大漲。

四、臺灣投資專家齊克用推薦的四本書

「聞道有先後，術業有專攻」，我們不必跟巴菲特等投資大師相比，但是花一個月時間好好讀四本書，學會投資的基本常識倒是必要的。

● **圖1-4　免費的最貴！為何你需要具備投資能力** ●

在網路無國界的情況下，上網查一些投資專家的意見，甚至推薦個股，幾乎不用花錢，那為什麼還要讀書學習投資能力呢？

1　不要錢，所以不用負責任

網路上常有一些消息，例如：「番茄有毒，不要吃」，每次講完，總得耗費衛生福利部食藥署官員、醫生、營養師的唇舌破解。

2　看似免費，實則引君入甕

第四臺頻道91～95臺每天都有一些「股市老師」報明牌，要是他（她）們那麼神準，年初投入10萬元，每天漲10%，就可賺850兆元（詳見Unit1-8），何必費盡心血上電視解盤以招收會員賺會員費呢？

3　沒有量身訂做

全球第二大普及的病「感冒」（第一是蛀牙），治病之道是看醫生，以「對症下藥」。感冒成因有二，一是濾過性病毒，一是細菌，解決之道不同，劑量因人而異。

縱使有錢聘用專人替你管理財富，但許多事仍得自己選擇，如投資目標報酬率，可先考慮能容忍的虧損率與排除投資對象（例如：衍生性金融商品）。

1-8 股票投資人所需具備的知識 ——以大學財金系課程為例

股票投資很專業，有許多專有名詞，許多也涉及計算（例如：每股淨利、本益比，甚至財務報表分析六大類、22個指標）。閱讀《工商時報》、《經濟日報》A1、A2或B4、B5、證券版新聞，若看得懂，就代表你已具備入門知識。

一、以學開車為例

操作股票比較像在開汽車，開車需取得駕駛執照，大部分需在汽車駕駛訓練班學習，依交通部監理所規定，小型汽車的訓練課程需要35天，以臺灣臺北市來說，訓練費約14,000元。

二、大學財金系相關投資課程

（一）證券相關證照

各國政府主管機關都認為金融業從業人員需具備一定能力，會以取得證照方式來認定，以證券期貨業的證券來說，即有許多證照，例如：證券投資分析人員（Chartered Financial Analyst，CFA，俗稱證券分析師）、證券商業務員（俗稱券商營業員）。

（二）大學財金系課程

大學財金系的課程，許多都是以協助學生考取金融證照（保險、銀行、證券期貨）為主，其中以證券投資課程最多，詳見表1-7，此表主要以世新大學財金系課表為參考。

一年股市營業日240天，每天賺10%，年初投入10萬元：

    10萬元 FVIFA（K%, n）

＝10萬元 FVIFA（10%, 240）

＝10萬元×85億倍

＝850兆元（年底）

表1-7　金融投資人需具備能力與本書架構

股票投資人能力	本書章	大學商管學院		
		大二	大三	大四
一、交易前	—	—	—	—
（一）初階能力	—	—	—	—
1. 技術分析、基本分析	5	中級會計學	財務報表分析	—
2. 基本分析	6	同下	同下	—
2.1 總體分析	8、9	總體經濟、貨幣銀行學	金融大數據	—
2.2 個體分析I：產業分析	10	產業分析	財金資料視覺化	—
2.3 個體分析II：產業分析	10	—	—	—
2.4 個體分析III：公司分析	14	—	—	—
（二）中高階能力	—	投資學	—	—
1. 投資組合管理	16	—	基金管理	智能投資財務風險管理
2. 風險管理	7、15	財務管理	—	—
二、交易中	—	—	—	新金融商品
（一）金融（或股票）市場	4	債券市場	程式交易	證券投資實務
（二）證券法律命令	—	稅務法規	證券市場分析	證券交易法
三、交易後	—	—	—	—
情緒智商（EQ）	—	—	投資人行為分析	投資心理學

1-9 投資人功力六等級與能力養成 ——兼論用ChatGPT自助學習

你會開車（或騎機車）嗎？如果「會」，開車多久了？有沒有「零車禍」？開車上路對自己、別人的命都是危險的活動，需要一定的駕駛能力，這也會隨著時數而逐漸累積經驗。

同樣的，投資如同開車，需有步驟培養能力，準備好才「上路」，以免「花冤枉錢去學經驗」。本單元說明如何由淺入深有步驟的提升投資功力。

一、以開車為例

（一）以汽車駕照為例

汽車駕照至少分四級：自用小客車、計程車、大型客（貨）車、聯結車；最高竿的是賽車手、汽車特技演員。

（二）以汽車自動駕程六級為例

資訊科技中的人工智慧（AI）在汽車自動駕駛來說，只到L2（40分）程度，只有在限定道路內，美國的運輸才有條件地開放全自動駕駛（L5級）。

二、以醫生為例

醫師執照有四級，包括從住院醫生到主任（部長）。

三、股票投資人能力：自然人

投資也有分類，最簡單的分類方式是業餘、職業的，如下說明。

（一）菜籃族

股市散戶有許多名稱，例如：「菜籃族」（ordinary Jane）。

（二）素人投資專家

有一些不是財金系畢業的人，靠投資股票致富，出書後上電視，較有名者如：「股魚」、「綠角」（greenhorn，本業是醫生，臺灣大學醫學系畢業）、「怪老子」（蕭世斌）、阿格力（許凱迪，生物科技博士）等。

四、股票投資人能力：證券投資信託公司

以證券業五個行業（詳見Unit2-4，外加證券交易所）中，知識密集程度很高

的證券投資信託公司來說，擁有證券分析人員資格只是最基本的，需一步一步歷練，當研究部研究員六年以上，才有資格當基金經理（fund manager），進一步慢慢表現，才能升遷。

表1-8　投資人投資能力分級

分級	0	1	2	3	4	5
分數	0	20	60	80	100	200
一、跟人命有關						
（一）開車	—	駕訓班道路駕駛新手上路	有經驗小客車駕駛	計程車	大客車、聯結車	賽車手特技車手
占人數比率	—	0.1%	91.89%	7%	2%	0.01%
（二）汽車自動駕駛程度分六級	0 0	L1 20%	L2 40%	L3 60%	L4 80%	L5 100%
（三）醫生	醫學生	實習醫師	住院醫師	總醫師	主治醫師	名醫
二、股票投資						
（一）投資人（自然人）	紙上投資模擬	1個行業1支績優股	學會投資組合3個行業8支股票	熟悉作空	多空熟悉	極短線操作：當日沖銷
資歷	3個月以內	3個月	6個月～2年	第3年	第4年	第5年
（二）證券投信公司	大學碩士（入公司前）	考取證券分析人員	研究部研究員I研究員II	基金經理	基金管理部協理、副總	董事長總經理

Chapter 2

學《投資管理》三大好處——兼論美中臺證券法與主管機關

近景：金融經濟學範圍

一、近景：經濟活動分兩大類

以商業交易來類比，經濟活動粗分兩大類。

（一）實體面（the real economy）：主要是擴增版一般均衡架構。「投入面」的生產因素市場，「轉換面」的產業經濟（學），「產出面」的商品市場（即需求面的消費、投資、政府支出和國際貿易）。

（二）金融面（the financial side of the economy）：金融經濟學（financial economics）分成兩中類，詳見下面說明。

二、金融經濟學的範圍

經濟學依討論對象（政府、公司、個人）分為全體、個體，也稱為總體、個體經濟學，金融面一樣分成兩大類。

（一）**總體金融（macro finance）**，分成兩中類

　　1. 國內金融（domestic finance），包括兩小類：

　　　⑴ 貨幣經濟學（monetary economic）：1913年，美國國會通過《聯邦準備法》（俗稱Owen-Glass Act），成立美國的中央銀行系統（federal reserve system），這屬於貨幣銀行學。

　　　⑵ 資本市場的資產定價等。

　　2. 外匯金融（foreign finance），即經濟系大四課程國際金融。

（二）**個體金融（micro finance）**，分成兩中類

　　1. 自然人的個人理財：19世紀，美國許多大學有開「消費」經濟學（consumer economics）、家庭經濟學（family economics）課程。1920年，芝加哥大學黑茲爾·柯克（Hazel Kyrk, 1886～1957）博士論文敘述有關此領域，1925年在母校任教，著名學生為Margaret G. Reid（1896～1991）。

　　2. 法人理財，分成兩小類：

　　　⑴ 公共財務管理（public finance）：主要指政府財務管理，以中央政府為例，編預算的是行政院主計總處（其中三處包括：公務、基金預算

處、會計決算處）、財政部負責租稅收入、中央銀行國庫局負責收支與融資（政府公債發行），這些俗稱財政學。

(2) 公司財務管理（corporate finance）。

表2-1　經濟學中金融經濟學的發展沿革

項目	1900～1934年	1935～1943年	1944～1970年		1971年起
生命週期	導入期	成長初期	成長中、末期		成熟期
俞新擴散模型	創新者	早期採用者	早期大眾	晚期大眾	落後者
占比	2.5%	13.5%	34%	34%	16%
一、重大事件					
時	1934.6.6.	1939年元旦	1946年		1974年
地	美國華盛頓特區	美國紐約市	美國紐約市		尼德蘭阿姆斯特丹市
人	美國證券交易委員會（SEC）	美國金融學會（American Finance Association）	威立布萊克威爾出版公司（Wily-Blackwell）		愛思唯爾（Elsevier）公司
事	根據《證券交易法》成立的主管機關	美國專門研究金融經濟學的學者等組成	出版《金融期刊》（Journal of Finance）		《金融經濟學期刊》（Journal of Financial Economics）
二、領域					
（一）總體金融	股票市場研究	同下，貨幣經濟學（monetary economics）	1945年12月27日美國華盛頓特區國際貨幣基金組織		註：左述國際金融（international finance）
（二）個體金融	1920年黑茲爾‧柯克（Hazel Kyrh）個人金融（Personal Finance）	1936年凱恩斯財政學（Public Finance）	1958年起公司金融（Corporate Finance）		－

2-2 美臺中股票交易所與法令、主管機關

　　各國證券市場影響上市公司募資、（股票、債券）投資人權益，影響既廣且大，所以大部分都制定法令、設立主管機關，負責管理證券市場公平、有效率的運作。

一、美國

　　美國是自由市場、資本主義國家，實務大都跑在法令之前。

（一）1792年5月紐約證交所成立

　　設立在紐約市的「牆街」（Wall Street，尼德蘭人設立城堡四周牆面，拆掉後所衍生的街），音譯「華爾街」，1888年《華爾街日報》（*The Wall Street Journal*）上市。

（二）1933年通過《證券法》

　　1929年10月紐約市崩盤，銀行擠兌，引發全球經濟大蕭條，美國四萬人自殺。羅斯福總統1933年3月4日就任，推動國會通過《證券法》，主要規範上市公司財務報表需經入流會計師（ranked CPA）雙簽，以避免虛假財報詐欺投資人。

（三）1934年通過《證券交易法》

　　這主要是賦予政府成立聯邦獨立機關證券交易會（SEC），以管理各證交所、簽證會計師事務所、證券公司、上市公司等。

二、臺灣

　　美國的《證券法》成為全球大部分國家學習的對象，臺灣政府喜歡「井然有序」，所以在證券交易方面執行下列措施：

　　（一）1960年先成立主管機關：政府主管機關先以行政命令方式，規定證券交易所、證券交易遊戲規則，以免市場失控。

　　（二）1961年12月15日，證券交易所公司成立：證交所公司主要股東是五家官股銀行（占27%）、兩家證券公司（占9.44%）。

　　（三）制定《證券交易法》：1968年5月2日，《證券交易法》實施。

三、中國大陸

（一）1990年12月19日成立證券交易所：1990年12月1日廣東省深圳證券交所營業；19日上海市的上海證券交易所營業。

（二）1992年1月18日～2月21日：中國大陸第二代領導人鄧小平南巡，他的股票市場講話，奠定了股票市場的建立。

（三）1992年成立主管機關：1984年～1992年9月，由人民銀行負責證券市場監管，1992年10月，成立證券監督管理會，是副部長級。

（四）1999年制定《證券交易法》：證券交易8年後，《證券交易法》才通過。

表2-2　美臺中證券交易所與證券法令

項目	美國	臺灣	中國大陸
一、實務			
時	1792年5月17日	1961年12月15日	1990年12月19日
地	紐約州紐約市	臺灣臺北市	中國大陸上海市
人	紐約證券交易所（New York Stock Exchange, NYSE）	臺灣證券交易所（Taiwan Stock Exchange, TWSE）	上海證券交易所（Shanghai Stock Exchange, SSE）
二、法令			
（一）法令			
時	1933年5月	1968年5月2日	1999年7月1日
法	《證券法》（Securities Acts）	《證券交易法》（Securities Exchange Acts）	同左
時	1934年	─	─
法	《證券交易法》（Securities Exchange Acts）	─	─
（二）主管機關			
時	1934年6月6日	1960年9月1日	1992年10月
地	哥倫比亞特區	臺北市	北京市
人	美國證券交易委員會（US SEC）	金融監督管理委員會證券期貨局（FSC）	中國證券監督管理委員會（CSRC）

近景：美臺中證券主管機關

由於各國證券主管機關大多權力很大，有必要詳細說明。美國證券交易委員會組織龐大（約4,800人），主管事務龐雜，其組織設計常為各國主管機關的參考對象，本單元以成立時間順序說明美臺中、全球證券主管機關。

一、美國

（一）美國證券交易委員會：證交會業務越來越廣，人員數成長很快，年預算約30億美元。

（二）局與辦公室：共有5局（對外4、對內1，經濟和風險分析局）、25個辦公室，像其中的投資管理部（Division of Investment Management）是二級單位（署），主要掌管「投資銀行業」（證券、投資信託公司、投資顧問業等）；執法部可說是檢查部；公司融資部（Division of Corporate Financing）2018年10月成立「創新及金融科技策略中心」（Strategic Hub for Innovation and Financial Technology）。

二、臺灣

（一）金管會4個局之一的證券期貨局：證期局是行政院三級單位，一年預算約3億元，算是低的，員工人數200人。

（二）準公務機構：證券交易所具有準主管機關身分，針對股票上市、交易等有管理權。

三、中國大陸

（一）中國證券監督管理委員會（China Securities Regulatory Commission）：員工約900人，算是小的「副」部長級機構，年支出約人民幣20.5億元，其中六成來自公務預算。

（二）28省（其中5個自治區）四直轄市：皆有駐省市的證監局，5個重點城市（廣東省深圳市、山東省青島市、浙江省寧波市、遼寧省大連市、福建省廈門市）也有。

四、全球證券監理組織

· 時：1983年4月。

· 地：西班牙馬德里市。

- 人：國際證券監理組織（International Organization of Securities Commissions, IOSCO）。
- 事：由各國證券主管機關參與成立，可說是全球證券主管機關的「聯合國」，推動國際接軌，比較有名的是上市公司財報採取國際會計準則理事會（International Accounting Standards Board, IASB）2001年頒布的「國際財務報導準則」（International Financial Reporting Standards, IFRS），以使各國上市公司財報「書同文」。

表2-3　美中臺證券法令與主管機關

項目	美國	臺灣	中國大陸
一、法令	1933年《證券法》 1934年《證券交易法》	1968年《證券交易法》	1984年《上海市發行股票暫行辦法》 1999年7月《證券法》
二、主管機關	證券交易委員會（Securities & Exchange Commission）	金管會證券期貨局（即內三級）	證券監督管理委員會（部級）
時	1934年6月6日	2004年7月1日	1992年10月
地	華盛頓特區	臺灣臺北市新生南路一段85號	北京市西城區金融大廈19號
人	詹斯勒（Gary Gensler, 1957～）2021年4月17日上任	張振山局長	易會滿主席（1964～）
三、組織	4,800人	200人	900人
（一）證交所	對外4個部，一個對內部Risk & Economic Analysis, 2009年9月成立	對外6個組	對外7個部
1. 證券發行（初級市場）	公司融資部（Corporation Finance）	組	發行監管部 上市公司監管部
2. 證券交易（次級市場）	市場監管部（Trading & Markets）	組	市場監管一部 市場監管二部
（二）證券業	investment management	證券商管理組	證券基金機構監管部
（三）證券投信	同上	組	同上
（四）證券投資顧問	同上	同上	同上
（五）期貨	同上	組	—
（六）檢查	執法部（enforcement）	金管會檢查局證券票券組	期貨監管部稽查局

對於有志從事證券、期貨業（本書不說明）的人士來說，本單元說明臺灣證券業四個行業發展狀況。

一、證券公司

證券公司（securities company）依業務範圍可分二級。

（一）綜合證券公司

證券業有三項業務，依序為承銷（underwriting）、自營（dealer）、經紀業（brokerage）。各項資本額為4、4、2億元，具備三種之二者，稱為綜合證券公司（integrated securities houses）。

（二）證券公司，經紀業務

股票買賣雙方天南地北，就跟買賣房子需要房仲居中議價一樣，扮演股票仲介的是證券公司（俗稱券商，少數沿用上海用詞，稱為號子），證券公司在各縣市有許多分公司。

二、證券投資信託公司

證券投資信託（securities investment trust）公司俗稱資產管理公司（asset management company）、基金公司（fund company），業務有二：

（一）證券投資信託業務

1. 發行基金。
2. 代銷海外基金，但僅限五家。

（二）全權委託投資

三、證券投資顧問公司

證券投資顧問公司（securities investment consulting company）業務至少分三級：

（一）代理海外基金銷售、諮詢業務，資本額0.7億元。
（二）代客操作型，資本額0.5億元，係為能夠承作「全權委託投資」的證券投顧公司。
（三）純顧問型，資本額0.2億元。

四、證券金融公司

這是可以操作證券融資、融券業務的金融公司，2019年10月21日起，只剩元大「證券金融公司」（securities finance company）。

五、臺灣三大證券行業經濟績效

詳見表2-4A。

表2-4A　臺灣證券業經營績效

單位：億元

項目 ＼ 年	2018	2019	2020	2021	2022	2023.6
一、證券公司						
1. 家數	106	106	105	105	105	102
2. 員工	35,147	35,422	37,641	39,709	40,844	41,038
3. 營收	1,008	1,111.60	1,475.60	2,301	1,399	—
4. 稅前淨利	329.6	437	660	1,195	467	—
二、證券投資信託						
1. 家數	39	39	39	39	38	38
2. 員工	4,332	4,401	4,389	4,322	4,390	4,343
3. 營收	360	410	451.7	576	536	—
4. 稅前淨利	93.3	91	110	156	136	—
三、證券投資顧問						
1. 家數	82	84	85	86	86	85
2. 員工	1,605	1,666	1,726	1,791	1,840	1,814
3. 營收	76.8	80.13	89.38	127	96	—
4. 稅前淨利	2.87	3.42	0.79	13.21	4.82	—
四、證券金融						
1. 家數	2	1	1	1	1	1
2. 員工	95	54	52	53	52	53
3. 營收	10.65	7.66	4.19	10	10.43	—
4. 稅前淨利	6.84	5.49	6.02	7	6.88	—

表2-4B 美臺中五大證券公司市占率

單位：%

排名	美國	臺灣	中國大陸
基準	依公司營收 （全球市占率）	依交易金額市占率	依公司營收 （人民幣1,782億元）
1	大通運通　8.5 （JP Morgan Chase）	元大　11.75	中信　7.835
2	高盛　6.7 （Goldman Sachs）	凱基　10.26	國泰君安　5.33
3	美國商銀證券　6.3 （BofA Securities）	富邦　5.00	中國銀河　4.62
4	摩根士丹利　5.5 （Morgan Stanley）	永豐金　4.68	廣發　4.47
5	花旗　4.4 （Citi Group）	國泰　3.83	招商　4.44
前五大合計	32	35.52	26.7
前十大合計	44.4	66.72	41.53
時	2023年8月25日	2023年3月31日	2022年6月7日
公司	Statista公司	臺灣證券交易所	東方財富公司

站在公開發行公司（及其之上的上櫃、上市公司）的立場，和股票投資人的角度，都會跟證券公司往來，本單元說明美臺中市占率第一的綜合證券公司之組織設計。

一、美國

當你在谷歌輸入US top 10 investment banks或investment banking company，一般會出現幾則連結，一般第一名是摩根大通銀行（JP Morgan Chase），第二名是高盛證券（Goldman Sachs），第三是美國銀行（2019年2月合併美林證券）。前七名都是銀行，第八名才是純證券公司，本單元以此為對象，詳見表2-5第二欄。

至於俗稱「大摩」的摩根士丹利（Morgan Stanley），1915年9月16日成立，比高盛證券多五個部，包括：

- ・固定收益、股票：研究部。
- ・交易：外匯／債券部、商品交易部。
- ・自營：投資管理部。

二、臺灣

（一）查詢臺灣證交所之「證券商成交金額彙總表」。

（二）前四大市占率35%：第一大元大證券（市占率11.75%）、第二大凱基證券（市占率10.3%左右），本單元以元大為例，詳見表2-5第三欄。

三、中國大陸

（一）全景：約141家證券公司

根據中國證券業協會發布的證券公司2022年經營數據，141家證券公司營收人民幣3,949億元，年減21%；淨利人民幣1,423億元，年減25.5%。

（二）東方財富網Choice數據

以證券公司資產、業主權益、營收、淨利、經紀業務營收、投資銀行業務、資產管理營收、自營業務營收等八項排序，再合併成「業務實力（四項）綜合Top 50」。上述八項，中信證券皆第一，之後為國泰君安、華泰證券、中金公司和海通證券。

（三）特寫

　　中信證券（詳見表2-5第四欄）。

（四）極特寫

　　2022年證券公司對員工減薪，詳見表2-6C。

表2-5　美中臺代表性證券公司事業部組織設計

項目	美國	臺灣	中國大陸
成立時間	1869年	1961年	1999.12.29
公司	高盛證券 （Goldman Sachs）	元大證券 （Yuanta Securities Co.）	中信證券 （CITIC Securities）
一、發行市場	—	—	—
1. 承銷	1. 商人銀行業務 （merchant banking division）	投資銀行部	1. 投資銀行
2. 股務	—	股務代理部	—
二、交易市場		經紀業務分公司	—
1. 法人	2. prime brokerage （global markets division）	國際金融業分部 數位金融部 國際法人部	2. 業務中心
2. 自然人	3. consumer & investment management division	通路事業部 財富管理部	3. 財富管理委員會 4. 資產管理
3. 其他	primary dealer	金融交易部	5. 證券金融 代銷金融商品
三、自營	—	—	—
1. 股票	4. 投資銀行業務部 （Investment Banking Division）	證券投資部 債券部	—
2. 債券	—	—	6. 固定收益

2-6　如何查證交所資料

對投資人、學生、證券從業人員來說，會查證交所統計資料是必要的，本單元以臺灣證交所統計資料如何查詢為例，說明如下。

一、資料含金量

經使用臺灣證交所統計資料，發現多年來很少增加廣度、深度，資料含金量如下：

（一）標竿90分，上海證券交易所統計年鑑

每年11月，上海證券交易所出版《上海證券交易所統計年鑑》，約400頁。把五大類（工、商業、房地產、公用事業、綜合業類）、24中類行業指數掛在網上，網友自行查詢，操作有難度。

（二）臺灣證交所全球資訊網約70分

跟上海證交所的資料量相比，臺灣證交所的全球資訊網之資料量深度只有50分。例如：以股票本益比分級距等加工資料皆缺乏。

二、如何查臺灣證交所資料

使用語音輸入「臺灣證交所交易資訊」便可連上，操作方式如下：

（一）右邊兩個表

證交所網路資料分兩層，第一層為主菜單，第二層為子菜單。以年報為例，選擇「資料時間」後，再按「查詢」，該資料檔便出現，按「解壓縮」，Excel格式般的表格即會出現。

（二）請你跟我這麼做

作者在學校的教學方式是，透過數位講桌，一步一步做；投影在大螢幕上，前三週學生須用自己手機同步操作，做三週便熟能生巧，要找資料、寫報告就容易上手了。

表2-6A　臺灣證券交易所的交易資料主、子目錄

大分類	中分類
一、週 1. 市值週報 二、月 2. 股價指數月報 3. 市場交易月報 4. 證券商月報 5. 上市公司月報 7. 國際主要股市月報 三、季報 6. 上市公司季報 四、年 8. 證券統計資料年報	31項中挑幾項說明： 1. 上市公司家數：歷年股票市場概況表。 9. 股價指數：發行量加權股價指數。 18. 市值：歷年上市股價及市值統計。 30. 開戶人數：證券經紀商投資人開戶統計表。 31. 比重：投資人類別交易比重。

表2-6B　臺灣證券交易所交易資料

步驟	說明
1	進入
2	點選「證券商成交金額總表」月報
3	解壓縮後，打開Excel
4	看Excel格式的表

表2-6C　中國大陸證券公司人均薪酬排名

單位：人民幣／萬元

證券公司	2021	2022	年增幅（%）
中信證券	94.7	83.6	-11.7
國泰君安	67.1	74.2	+10.5
申萬宏源	71.2	66.7	-6.3
廣發證券	84.1	64.8	-22.9
華泰證券	88.6	62.9	-28.9

Chapter 3

認識股票市場
——兼論美臺中股票發行市場

全景：證券市場分類

證券市場（securities market）中的證券二分法，包括固定收益證券（fixed income securities）和非固定收益證券（non-fixed income securities）。市場（market）分發行、流通兩階段，詳見表3-1，本單元先做個全景說明，第四章則針對股票流通市場陸續進行相關介紹。

一、就近取譬

金融學門用詞往往借用生活中的名詞，以求「望文生義」，以證券市場的發行、流通市場來說，可用汽車交易為例。

（一）新車市場

汽車公司（例如：日本豐田公司）銷售汽車，在臺灣透過和泰汽車公司總代理，各縣市有經銷商銷售。一年的新車（new car）銷量約47萬輛，這包括9人座以下乘用汽車（passenger car）與3.5噸以下商用汽車（commercial vehicle）。

（二）中古車市場

中古汽車（used car）或二手車，大都由中古車商（used car dealer）負責交易，臺灣一年約賣出逾70萬輛，是新車銷量的1.52倍。

二、英文名詞直譯就無法「望文生義」

絕大部分金融名詞來自於美國，在翻成中文的過程中，有兩階段可能錯誤。

（一）用錯英文名詞

英文名詞常有很多同義字，當你挑較原始的字，例如：primary、secondary market，就只能被牽著鼻子走（見表3-1）。

（二）直譯vs.意譯

· 1960年左右的人翻譯時，採取「直譯」（literal或word-for-word translation）方式，以致讀者無法望文生義。

· 外文採意譯（sense-of-sense translation）才能望文生義，例如：前述譯為交易市場。

三、固定收益證券市場

固定收益證券依存續期間，分成二中類：

（一）票券市場（bill market），一年期以下：包括8家票券金融公司、銀行兼營、票券公司兼管三種，主管機關是金管會銀行局。

（二）債券市場（bond market），一年期以上：債券市場的發行以政府公債為例，由中央銀行國庫署代為發行，其餘公司債（金融業稱為金融債券）由綜合證券公司債券部承銷，向金管會證券期貨局申請核准募集，發行後由櫃檯買賣中心負責交易。

四、股票市場

由表3-1下半部可見，由於臺灣採取二級股票市場，所以臺灣證券交易所、櫃檯買賣中心各自負責上市、上櫃股票等之發行、流通。

表3-1 證券市場中的發行與流通市場

項目　　　市場別	發行市場 （issue market）	流通市場 （circulation market）
直譯	primary market，直譯初級或一級市場	secondary market，直譯次級或二級市場
一、商品：耐久品		
（一）汽車	汽車公司直銷、總代理 年成交量約47萬輛	中古汽車行 年成交量逾70萬輛，為新車47輛的1.52倍
（二）其他耐久品	大部分零售	· 二手商品商店 · 跳蚤市場
二、證券市場		
（一）票（債）券市場	或稱固定收益證券	—
1. 證交所	—	櫃檯買賣中心
2.1 債券	綜合證券公司債券部	同左
2.2 債券型基金	bond issuing market	—
2.3 票券	票券公司承銷部	票券公司交易部
2.4 資產證券化 　　　受益憑證	· 資產擔保商業本票受益憑證 　（ABCP） · 債券債權受益憑證（CBO）	· 企業貸款債權受益證券 　（CLO） · 房屋抵押貸款債券受益證券（RMBC）
（二）股票	或稱非固定收益證券	—
1. 證交所	同右	可轉換公司債（視同股票）
2. 證券業	綜合證券公司	綜合證券公司經紀部
3. 部門	承銷部 （Underwriting Department）	一般證券公司

一、股票的上市與下市

如同人有生有死一般，公司股票也是如此，而有上市、下市的不同情況。

（一）股票上市分兩類

1. 初次上市（Initial Public Offering, IPO）或稱首次公開募款，但不宜譯為「首次公開發行」，因股票上市的必要條件是公司股票公開發行（stock public offering或go public）。

2. 二次掛牌（secondary listing）：以台積電來說，1994年9月在臺灣初次上市。1997年8月8日在美國紐約交易所發行美國存託憑證（American Depositary Receipts, ADR），則是二次掛牌。

（二）股票下市（**stock delisting**）

俗稱「私有化」（go private），這個字不易懂，乃是相對於公司股票公開發行（go public）而言。

二、增資與減資

如同人的體重，有增胖的，也有減肥的，這屬於大二「財務管理」課程，本書不再贅述，詳見表3-2A第二欄。

- ・增加資本（increase of capital）。
- ・減少資本（reduction of capital）。

三、**2022年臺灣集中市場募資情況**

由表3-2A第三欄可見，這是2022年上市公司募資結構。

- ・初次上市vs.現金增資14比86。
- ・募集方式：公開募集（public placement）vs.私下募集（private placement）80比20。
- ・資金來源：國內vs.國外92比8。

四、多層級股票市場

許多制度都有「多層級」（multi-tier），例如：美國職籃分成二層，詳見表3-2B第二欄。同樣的，美臺中的股票發行市場也至少分三層。

表3-2A　股票發行市場		
一、上市公司家數增加	**二、上市後增減資**	**三、2022年結構**
（一）初次上市	（一）增加資本	（一）初次上市 12.75%
1. 外國公司，約110家	1. 現金增資（Seasoned Equities Offering, SEO）	（二）ADR 1.34%
・英屬開曼群島（Cayman Island）上市公司名字，例如：美食達人KY（2723）	2. 保留盈餘轉增資，俗稱配發股票股利、除權	（三）增加資本
・其他	3. 老股轉讓	1. 公開募集 73.33%
2. 臺灣公司，約890家		2. 私下募集 12.58%
（二）二次掛牌，又稱第二上市，以存託憑證（Depository Receipts, DR）為主，若以國家區分：ＡＤＲ－美國（America），GDR－全球（Global）	（二）減資（capital reduction）	
	1. 返還現金減資（cash refund）	
	2. 彌補虧損減資	
	3. 收購庫藏股	
	（三）上市公司減少	
	1. 股票下市	
	・因虧損而下市	
	・因合併而下市	
	・因被收購而下市	

項目 %／美國職籃	層級	美國	臺灣	中國大陸
100 一、NBA （一）美國籃球協會，30隊	第一層級 （first tier）	兩大證交所： （一）紐約證券交易所，1792年5月17日成立，2,800家上市公司（美籍占77%） （二）那斯達克股市，1971年2月4日成立，3,900家上市公司（美籍占77%） 1. 全球精選市場（global select market）	（一）臺灣證券交易所，1962年12月15日成立，1,000家上市公司 （二）櫃檯買賣中心，1982年10月成立 1. 上櫃股票，820家上櫃公司	（一）上海證券交易所，1992年12月19日成立，2,500家上市公司 （二）深圳證券交易所，1990年12月1日成立，2,800家上市公司
60 （二）NBA發展聯盟（G League），30隊，2001年起	第二層級 （secondary tier）	2. 全球市場（global market）	2. 興櫃股票市場（emerging stock market），2002年1月2日起，例如：上櫃前6個月，未上市、未上櫃之公開發行公司	—
40 二、美國大學體育協會（NCAA）	第三層級 （third tier）	3. 資本市場（capital market）	3. 創意櫃檯板（Go Incubation Board），2014年1月3日	3. 北京證券交易所（Beijing Stock Exchange, BSE），以前俗稱「新三板」（the new third board），約8,000家公司
5 —	—	—	4. 創意集資資訊揭露專區，2013年8月18日	—

美臺中集中、店頭市場比較

一、股票市場

股票市場（stock market）簡稱股市，「市場」（market）是指商品交易的地方，生活中最常見的是「菜市場」，交易商品為蔬果魚肉；「跳蚤」市場交易的是二手商品。由此看來，股票市場的標的便是股票（stock）及其相關商品（例如：封閉型股票型基金）。

二、美臺中上市、上櫃市場情況

美國兩大股市上市公司家數、國籍詳見表3-3。

三、臺灣股票上市、上櫃條件

公司申請股票上市、上櫃有許多門檻，一般來說，圖3-1上X軸的資本額、Y軸的稅前權益報酬率可區分，此處以職棒球隊做比喻。

（一）上市股票條件像職棒一軍：臺灣職棒6隊、美國30隊，稱為一軍；由圖3-1可見，上市條件較高；資本額6億元、稅前權益報酬率4%以上，可說是股市中的「一軍」。

（二）上櫃股票像職棒二軍：職棒一軍表現或職能較差者會被下放到二軍，圖3-1可見，股市中的「二軍」是上櫃股票。

（三）興櫃股票像職棒中的甲組球隊：棒球隊中的甲組球隊合於一定水準可晉升職棒，符合上櫃條件的公司，要先上店頭市場中的「興櫃」6個月，期滿「沒問題」便成為上櫃股票。

表3-3　美國兩大股市上市公司家數與國籍

年	2018	2019	2020	2021	2022
一、紐約					
0. 小計	2,285	2,385	2,873	2,525	2,578
1. 國外	510	505	510	600	598
2.本國	1,775	1,878	2,363	1,925	1,980
3.市值（兆美元）	30.436	33.89	40.72	—	—

表3-3　美國兩大股市上市公司家數與國籍（續）

二、那斯達克				
0. 小計	3,058	3,140	3,306	3,678	3,788
1. 國外	436	456	516	798	877
2.美國	2,622	2,684	2,790	2,880	2,911

表3-4　美臺中上市、上櫃股市2024年預估狀況（市值）

國家 \ 項目	美國	臺灣	中國大陸
一、上市	紐約證券交易所（New York Stock Exchange, NYSE）	臺灣證券交易所（Taiwan Stock Exchange, TWSE）	上海證券交易所（Shanghai Stock Exchange）
時	1792年5月17日	1961年12月15日	1990年12月19日
地	美國紐約市華爾街	臺北市101大樓	上海市浦東新區
股票支數	2,600	1,120	2,300
市值	（2024年）31兆美元	新臺幣56兆元（1.84兆美元）	人民幣54.6兆元（8.46兆美元）
著名公司	財星500大	台積電、鴻海	中國石油、農業銀行、招商銀行等國營企業
二、上櫃	全美證券交易協會自動報價系統（The National Association of Securities Deals Automated Quotation）、那斯達克	證券櫃檯買賣中心（Taipei Exchange, TPEX）	深圳證券交易所（Shenzhen Stock Exchange）
時	1971年2月8日	1994年11月1日	1990年12月1日
地	美國紐約市	臺北市中正區	深圳市福田區
股票支數	3,800	810	1570家左右
市值	（2023年）25兆美元	新臺幣5兆元（0.23兆美元）	人民幣548.7兆元（6.86兆美元）
著名公司	蘋果、微軟、思科	元太（8069）、環球晶（6488）、藥華藥（6446）	中國廣核、京東方A、申萬慶源

圖3-1 股票上市上櫃條件

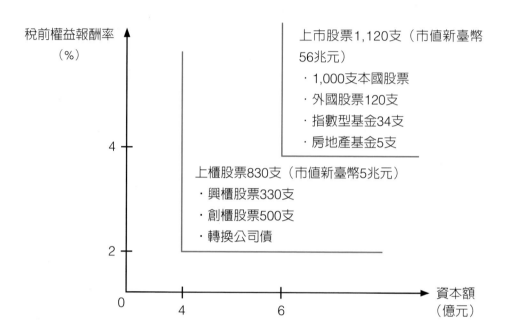

稅前權益報酬率
（％）

上市股票1,120支（市值新臺幣56兆元）
· 1,000支本國股票
· 外國股票120支
· 指數型基金34支
· 房地產基金5支

上櫃股票830支（市值新臺幣5兆元）
· 興櫃股票330支
· 創櫃股票500支
· 轉換公司債

資本額
（億元）

全景：股票的三大類股股性

在報刊證券版上，你會常看到證券分析師建議「買進大型績優股」，還有39家投信公司也有推出「中小型（股票）基金」，究竟什麼是「大型」、「中小型」股票？什麼樣的標準才夠格稱為「績優股」？分類的目的是化繁為簡，經過分類更容易了解複雜的事情，俗語說：「武大郎（即《水滸傳》中武松的哥哥）玩夜貓，什麼人玩什麼鳥。」各種投資人會挑其適配的股票。

一、依產業區分

（一）全景：30個行業類股。

（二）近景：分成三大類。1990年代電子類股興起，從此30個行業類股粗略分為三大類股，即：電子類股占市值比重60%（其中台積電占26%）、傳統產業占29%、金融類股占11%。

臺灣是全球電子代工中心，所以電子類股占市值比重極大，這是其他國家沒有的情況，所以大盤會漲會跌全看電子類股，俚語說：「臺股成也電子，敗也電子。」

二、依市值大小區分

（一）全景：臺股市值與指數，詳見圖3-2。

（二）分為四個級距，大型市值股家數不多，占市值70%，其中台積電占27%，其他中型市值、小型市值、微型市值股，各有對應的指數、證券交易所交易基金（Exchange Traded Fund, ETF）。

三、依股價區分

主要是依股價高低區分四個級距，如表3-5。

圖3-2　臺股指數與市值

表3-5　臺股股性依產業、公司、股價分析之分類

分類	IV	III	II	I
一、產業分析	其他	金融業	傳統產業	電子股
1. 存量：占市值	—	11%	29%	60%
2. 流量：占成交量	—	3%	20%	77%
3.1 電子類股	最先進科技	同左	電子成品模組	半導體、面板
3.2 傳統產業	生技	觀光	百貨	鋼鐵、汽車、電信、石化
3.3 金融類	—	產物保險公司 證券公司	人壽保險 綜合證券公司	金融控股、銀行
4. 時		2015.12.28	2004.11.29	2002.10.29
二、公司分析	—	—	—	—
資產負債表		—	—	—
1. 股票市值＝股價 ×股數	微型股 （micro cap）	小型股 （small cap）	中型股 （medium cap）	大型股 （large cap）
占市值比重（%）	3	11	15	70
2. 從集中市場 1,000支股票	第451大以後	第151～450大	第51～150大	第1～50大
2.1 指數	—	臺灣小型（股） 300指數	臺灣中型（股） 100指數	臺灣50指數
2.2 基金	加權指數 006204：永豐 臺灣加權	臺灣是高股息， 指數也是	0051：元大中型 100	0050：元大臺灣 50006208：富邦台50
3. 資本額（億元）	15以下 知識密集	15～100 —	100～200 勞力密集	200以上 資本密集
三、依股價	低價位股票 （low price stock） 50元以下	中價位股票 （medium price stock） 50～100元	高價位股票（high price stock） 100～500元 如鴻海	超高價位股票 500元以上 共30支 如台積電

3-5 近景：臺股三大類股

在國民中學的生物課中，有學到「界門綱目科屬種」的七層級分類方式，六個「界」（kingdom）中，有兩界常見，即：動物、植物。分類的功用是「求同」、「化繁為簡」。同樣的，各國股票市場的上市股票達1,000支以上，必須予以分類，全球通用分類方式是採用1998年聯合國國際行業標準分類（International Standard Industrial Classification of All Economic Activities, ISIC）。

一、上市30類股

2013年，企業開始採用國際財務報導準則（IFRSs）編製合併財務報表後，2014年起，上市公司歸屬於哪個產業依下列方式認定。即依「上市公司產業類別劃分暨調整要點」第5條第1項規定，每年定期檢討各上市公司產業類別。

（一）依公司合併營收來分

產業類別以合併營收作為劃分依據，如果上市公司子公司營收遠高於母公司，可能造成以子公司的產業類別來歸屬。例如：母公司為營建類，子公司為金融保險類，那麼母公司就可能需改掛金融保險類。

（二）每年檢討

2014年起，每個月上市公司財務公告截止後，證交所會檢討各公司的產業類別。以2023年為例，有5家公司更改產業類別。

（三）34個類股

集中市場的上市公司可以分成三大類型股票，再細分為34個類股，由證券交易所編製類股指數。

二、三大類股沿革

三大類股的時間分兩期演進：

（一）1990年以前，兩大類股為金融與傳統產業
以金融類股為主，傳統產業居次。

（二）1998年為分水嶺
1998年中，電子股市值超過「傳產與金融」（俗稱非電子類股）市值。

茲簡單說明三大類股如下：

（一）電子類股

電子類股包括8個中項，其中半導體類股占37.23%、光電占2.17%，合占39.4%，這便是「兩兆雙星」產業中兩個產值破兆元的產業。

（二）傳統產業類股

依生活（食衣住行育樂）層面來區分，例如：食品類股產業碼以12開頭，像統一企業股票代號1216，代表食品類股中第16支上市的股票。為了讓「食衣住行育樂」各項目不要留白，便把「其他類股」（控股類股）放在「育」中。

（三）金融類股

依2023年稅前淨利，分為銀行（5,400億元）、保險（2,495億元）與證券（稅後淨利687億元）。保險業中，壽險為2,330億元，產險165億元，主因是已脫離2022年新冠肺炎保單理賠共2,650億元（2021～2023年3月）的狀況。

表3-6　臺股三大類股的34個小分類所占指數比（2023年8月）

報酬率	大分類	中分類：工業品	中分類：消費品
20%以上	一、電子 占總市值 61.25%	（一）電子零件：半導體 占總市值37.34% （二）電子 1. 電子零組件業 6.46% 2. 電子通路業 0.83% （三）通訊網路業 （四）光電 2.17% （五）其他電子業 4.39%	（一）資訊服務業18.43%
10～20%	二、傳統產業 占總市值 27.31% （一）食 （二）衣 （三）住 （四）行 （五）育 （六）樂	 塑膠 13，3.05% 紡織纖維14，1.14% 水泥 11，0.86% 電機機械 15，1.81% 玻璃 18，0.14% 鋼鐵 20，1.68% 建材營造 25，1.31% 橡膠業 21，0.54% 航運 26，2.38% 化學工業17，0.8% 造紙19，0.3%	食品12，1.5% 貿易百貨29，0.88% 電器電纜16，0.50% 居家生活0.27% 綠能環保0.2% 數位雲端0.27 汽車業21，1.67% 油電燃氣業1.64% 生技醫療17、41，0.73% 觀光事業27，0.34%
10%以下	三、金融 占總市值11.41%	金融控股28	（一）銀行28 （二）保險28 （三）證券60

3-6 近景：美股的大、中、小型股

本書市場定位為「立足臺灣，放眼中國大陸」，那麼為何有時以美國情況為主呢？那是因為臺灣缺乏基本資料與深入研究，故本單元以美股為對象。

一、依市值分四級距

（一）股市範圍：紐約、那斯達克。

（二）依市值分四個級距：這是依過去歷史區分，所以四級距內的公司數並不是各占25%。如同各國家庭財富分配極端一樣，大型股占公司數16.67%（六分之一），但占股市市值70%；詳見表3-7。

二、投資含義

（一）2001～2010年：正常情況，小型股賺較多

一般來說，僅從股數來說，小型股股數少，在股市中股價較易被大戶控制而大起大落，股票報酬率較高。

（二）2011～2020年：反常情況

由表3-8A可見，大型股報酬率大於中型、中型大於小型、小型大於微型。主要是大部分基金規模大，必須買大型股才能消化規模。

三、依市值編製的指數

（一）全景：表3-8A。

（二）近景：表3-8B。這是把美股四大指數中的三個指數拉個近景，共同點是資訊科技類股，也都是比重第一的，這跟以前以金融股為主的情況不同。

四、標普500指數代表股票

表3-7　標普500指數代表股票

大分類	細分類	公司	占比（%）
一、工業	—	—	—
二、消費品	—	—	—
（一）食	必要消費	—	—
（二）衣	非必要消費	亞馬遜	3

表3-7　標普500指數代表股票（續）

大分類	細分類	公司	占比（%）
（三）行	通訊 非必要消費	字母A 字母C 特斯拉	2.08 1.92 1.76
（四）育	健康照護	嬌生 聯合健康	1.44 1.37
（五）樂	資訊科技	蘋果 微軟	6.51 5.97
（六）金融	—	波克夏	1.59

表3-8A　美國紐約與那斯達克股市的大中小型股

中文	微型股	小型股	中型股	大型股
英文	micro-cap	small-cap	middle-cap或mid-cap	large-cap或big-cap
一、定義				
（一）市值（億美元）	3以下	3～30	31～100	101以上
（二）數量	—	—	—	—
1. 6,500支	1,606	2,280	1,530	1,084
2. 比重	24.71%	35.08%	23.54%	16.67%
（三）占市值比重	1%	14%	15%	70%
二、報酬率				
（一）2001～2010年	11.3%	7.2%	6.8%	1.3%
（二）2011～2020年	10.1%	11.9%	12.3%	13.7%
（三）2020年	25.5%	19%	18.1%	18.3%
三、股價指數				
（一）（加權）指數	—	—	—	—
1. 道瓊（Dow Jones）	—	—	—	工業（DJI） 交通運輸（DJT） 公用事業（DJU）

表3-8A　美國紐約與那斯達克股市的大中小型股（續）

中文	微型股	小型股	中型股	大型股
2. 標準普爾（S&P）	右三者合稱 S&P 1520綜合	S&P Small Cap 600	S&P Mid Cap 400	S&P 500
3. 那斯達克（Nasdaq）	—	—	—	100
4. 羅素（Russell）	2,000（第1,001～20,000）	1,000	—	—

資料來源：部分整理自市場先生之文「大型股、中型股……」，2021年8月10日。

表3-8B　美股三大指數的成分

單位：%

股票價值	超大型股	大型股	大中型股
指數	道瓊30	標普500	那斯達克100
時	1885年2月16日	1957年3月4日	1985年1月31日
地：交易所	紐約	紐約、那斯達克	那斯達克
事：股票數	30支	504支	100支
一、工業	14.9	7.9	5.55
二、消費品	—	原物料2.6	0.4
（一）食	必要消費8.4	6.1	消費品6.43
（二）衣	—	—	—
（三）住	—	房地產2.7 能源3.9 公用事業2.7	0.44
（四）行	非必要消費14.1	電信9.4 非必要消費12	0.98
（五）育	18.6	13.6	9.28
（六）樂	資訊科技24.4	28	科技類股51.25
（七）其他	7.5	—	消費服務20.08
（八）金融	12.1	11.1	5.02
三、占總市值比重	—	80%	—

資料來源：部分整理自永豐銀行，美股三大指數ETF比較。

3-7 近景：依股票價格、每股淨利區分

經常會看到報紙推薦讀者買「藍籌股」，本單元追本溯源的加以說文解字。

一、全景：名詞含義的演進

由表3-9A可見，藍籌、藍籌股、藍籌股指數用詞三階段的演進。

二、近景：1923年起，股市

（一）賭場中籌碼金額

美國賭場使用塑膠代幣作為籌碼，各州賭場籌碼顏色不一。以紐澤西州大西洋城德州撲克來說，白色1美元、綠色25美元，餘詳見表3-9B第二、三列。

（二）在股市中的運用

股價等於每股淨利乘上本益比，以長期本益比（price earning ratio）15倍來說，股價反映的是公司獲利能力，以股價50美元來說，每股淨利（Earning Per Share, EPS）3.33美元，大於所有上市公司平均數，算是「績優股」（performance stock），套用賭場藍色籌碼，稱為藍色籌碼股（blue chip stocks）。

三、必也正名乎

（一）錯誤的英翻中

英文直譯，大部分人都聽不懂，例如：
- blue chip stocks為藍色籌碼股票。
- 藍色籌碼股簡稱藍籌股。

（二）正確的英翻中：績優股

四、學以致用

在谷歌用英文輸入Best blue-chip stocks（USA），便會看到十幾個權威媒體提出5支、10支不等的績優股名單，表3-10是最大公約數股票。

表3-9A　美國藍色籌碼一詞的含義沿革

時	1873年	1923年	1928年10月
地	美國	美國紐約市	美國
人	美國人	Oliver Gingold，道瓊公司員工	道瓊公司
事	・1873年名詞藍色籌碼 ・1894年形容詞藍色籌碼的	以股價200美元以上公司稱為藍色籌碼「股票」（blue chip stocks）或藍色籌碼公司	道瓊指數（30）被視為美國各行業藍籌公司的指標

表3-9B　美國紐澤西州大西洋城賭場籌碼與股市股價

級距	低股價		中股價	高股價	超高股價	
一、賭場籌碼	紅色	綠色	藍色	黑色	紫色	橙色
美元	5	25	50	100	500	1,000
二、股票	─		─	─	─	
⑴ 股價（美元）=⑵×⑶	50以下		50～100	100～200	200以上	
⑵ 每股淨利（美元）	3.3以下		3.33～6.67	6.67～13.33	13.34以上	
⑶ 本益比（15倍）	─		─	─	─	

表3-10　2023年美國績優股代表

排名	公司	⑴ 股價	⑵ EPS	⑶ 本益比	市值（兆美元）
1	蘋果公司	175.16	5.886	29.76	2.76
2	波克夏	507,161	5,370	94.46	0.727
3	可口可樂	62.83	2.27	27.68	0.2717
4	嬌生	158.91	4.78	33.24	0.4130
5	美國運通	152.95	9.547	16.02	0.1137

資料來源：部分整理自The Motley Fool, Investing in blue chip stocks, 2023年4月26日。

3-8 股價指數編製方式

　　這個月物價到底是漲還是跌？由於生活中食衣住行育樂六大面向商品、服務有漲有跌，為了一窺全貌，於是行政院主計總處編製消費者物價指數。股市也相同，將各股價加權平均後變成指數呈現。

一、全景：美中臺主要股市指數

　　由表3-12可見美中臺五個股票市場的六個股價指數（Ernsl Stock Index），限於篇幅，香港股市刪除，因為香港逐漸被中國大陸政府弱化、邊緣化。

二、指數編製方法

　　在大一「經濟學」第七章「物價指數」中，提到採用德國拉氏（Laspeyres）公式，大二「統計學」時又更深入介紹。在本書中不必再說明，股票有大小，占指數的比重分為兩種方式：

　　1. 占99%的市值加權（capitalization-weighted index）。

　　2. 占1%的股價加權指數（price-weighted index）。

　　這只有道瓊指數採用，很容易受到美元高價股影響，因此只好把「高價股」割愛，例如：2014年6月9日，蘋果公司一股拆成7股，股價稀釋到92美元；2015年3月18日，道瓊指數才把其納為成分股（市值7,350億元），取代電信龍頭公司AT&T（市值1,750億美元）。

三、標普500指數選股準則

・上市：美國股市。

・市值：146億美元以上。

・大眾開放股數：占公司股數50%以上。

・獲利：過去四季、最近一季淨利是正面。

・上市後滿12個月。

・股市流通性：在納為成分類股前6個月，成交25萬股以上。

表3-11 證券交易的股價指數

項目	少見（占20%以下）	常見（占80%以上）
一、編製機構（who）	金融服務公司 ·美：標普道瓊指數公司 ·英：富時（FTSE）指數公司	證券交易所 以臺灣證券交易所公司來說，為子公司臺灣指數公司
二、地理範圍（where）	跨二個股票市場 ·美國標普500：紐約、那斯達克股市 ·中國大陸：上海（滬）、深圳（深）指數	單一股票市場
三、編製對象（what）	部分公司 1. 道瓊 ·1882年道瓊運輸指數20支 ·1896年道瓊工業（DJIA） ·1929年道瓊公用事業指數65支股	全部公司 1. 產業：30個行業分類指數 2. 跨產業 (1)依市值 ·臺灣50指數 ·臺灣中型100指數 (2)依股息：臺灣高股息指標 (3)依主題：社會責任企業指數
四、各股所占比重	·加權：道瓊指數、日本日經225指數是價格加權 ·簡單平均	·加權：市值加權

圖3-3 美國三大股市的美籍上市公司市值

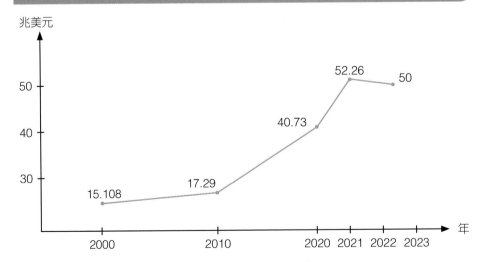

兆美元

52.26
50
40.73
17.29
15.108

2000   2010   2020 2021 2022 2023   年

資料來源：整理自siblis research.com。
註：第三大為美國場外交易集團之QX板（OTC Markets Group, Inc.）。

3-9 全景：美臺中股價加權指數

一、標竿指數

標竿指數（Benchmark Index）是投資人用來衡量其投資績效的比較標準，通常是市場最具代表的指數，如美股為標準普爾500指數、韓股為Kospi 200指數、中國大陸A股為滬深300指數、臺股為臺灣加權指數（TAIEX）。

二、全景：美臺中主要股價指數

美國有多個證券交易所，其中最大的紐約證交所（NYSE）上市股票達2,800支以上。為了各種投資人的需要，編製各類股價指數，令人目不暇給。本單元以美國股價指數為例，說明如下。

（一）道瓊30指數

1792年全球第一個股市「紐約證券交易所」（華爾街68號），一開始只有個股股價，無法了解大盤。因此，1882年新聞記者道（Charles Dow, 1851～1901）編製道瓊運輸指數。道跟同行瓊斯（Edword Jones, 1856～1920）合開一家指數編製公司，道瓊指數一開始只有12支股票，且只有工業股。後來逐漸擴大到30支股票，工商業皆有，一行業只挑一支股票，大都是龍頭股。每三年更換成分股，115年來只有通用電器（GE，奇異）沒被換過，道瓊指數代表美國大型績優股所組成。

2012年7月，標普公司跟道瓊指數公司合併，稱為標普道瓊指數公司（S&P Dow Jones Indices LLC）。

（二）標準普爾500指數

既然大型績優股被挑走了，全球知名信用評等公司標準普爾公司（Standard & Poor, S&P，又譯為史坦普，1860年成立）在1957年只好推出跨兩個股市（註：1971年後）500支大型績優股組成的指數，稱為標準普爾500指數。該公司也推出其他指數，但是標普500指數最有名，指數4,500點。

（三）羅素2000指數

1979年美國華盛頓州西雅圖市羅素公司（Russell Investment Group，1936

年成立）在小型股中挑2,000支績優股組成羅素3000（Russell 3000）指數，1984年羅素2000指數是其中一部分。

（四）那斯達克指數

3M公司的本名不叫3M，只是公司名字的簡寫；同樣的，那斯達克只是簡寫的音譯。1971年2月成立於紐約市的時代廣場，本名稱為「全國證券經紀公司自動報價系統」（The National Association of Securities Dealers Automated Quotation System, NASDAQ），2007年11月收購費城交易所。

（五）費城半導體指數

費城交易所的費城半導體指數是以半導體業30家為主，是臺股指數領頭羊。

表3-12　美中臺主要股市的股價指數

地點	美國			臺灣	中國大陸	
	紐約	兩個股市		臺灣	上海	深圳
名稱	道瓊30	標普500	那斯達克	加權指數	綜合股價	成分股
2022年基期	33,000	4,100	13,000	15,000	3,300	12,000
一、範圍	抽樣，不含運輸公用事業	紐約，那斯達克二個股市11個行業	全部公司	全部公司1,120支，不含全額交割股	同左	抽樣
二、主要公司	大型股占27%	大型股占80%	占10%	全部	全部	500大2015年5月20日起
三、指數中權重	股價 註：高價股易拖累	市值	市值	市值	市值	市值
四、產業類股指數	道瓊運輸指數（DJTA）道瓊公用事業指數	中型股400小型股600全部1,500	那斯達克100指數市值前102大	30個	滬深300指數2005年4月9日上市	中證指數公司中證500指數2004年12月31日，100大

Chapter 4

股票交易市場——財金系大三「證券市場分析」

　　去菜市場買菜，是直接向菜販買，但在股票市場是間接的，證券公司各分公司接單，再透過電腦連線到證券交易所（Stock Exchange, SE），由超級電腦去撮合（matching），本單元加以說明。

一、投資人下單流程

（一）投資人下買、賣單

　　2024年投資人77%以手機、筆電等方式下「買進」、「賣出」股票的單，稱為「電子下單」（electronic order），二成採用電話下單，本人到證券公司分公司下單的極少。

（二）海外投資人

　　以美國的投資人來說，想買台積電股票，可透過美國當地跟臺灣證券公司有簽合作契約的證券公司，再轉單給臺灣的證券公司（圖4-1為元大證券之例），這部分稱為「複委託」（sub-brokerage），以確保美國投資人權益。

二、證券公司營業員接單

　　各證券公司的各地分公司營業員負責接單。

（一）營業員分兩級

　　1. 初級營業員（the securities specialist）：高中學歷便能考照，能接自然人（散戶）單。

　　2. 高級營業員（the senior securities specialist）：大學畢業學歷才能考照，能接法人（一單位10張股票）單。

三、證券交易所

　　證券交易所的往來對象是各證券公司，在證券交易上的主要功能，便是「電腦撮合」（computer matching）各證券公司與旗下子公司買賣，由於電腦功能越來越進步，所以逐筆交易集中撮合。

（一）證交所的集中市場交易制度

可上網查看，約30頁。

（二）參觀證交所，有點走馬看花

許多臺北市附近的大學由教授帶班參訪證交所，這有點怪怪的；因為主要只是看各單位辦公室。我參觀過臺灣、德國、英國的證交所，有職員導引、解說，比較看門道。

圖4-1　臺灣兩個證券交易所與海外複委託

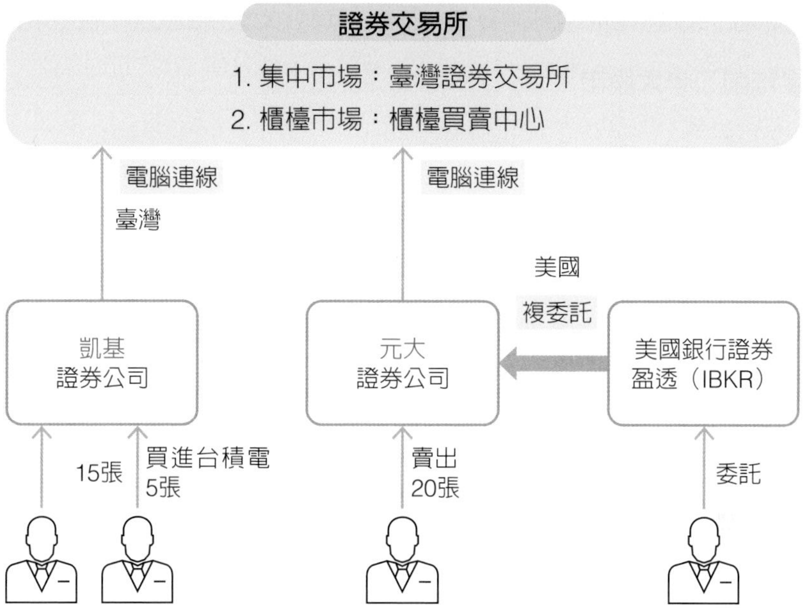

證券交易所

1. 集中市場：臺灣證券交易所
2. 櫃檯市場：櫃檯買賣中心

電腦連線
臺灣

電腦連線

美國
複委託

凱基
證券公司

元大
證券公司

美國銀行證券
盈透（IBKR）

15張　　買進台積電
　　　　5張

賣出
20張

委託

全球58國股市發行情況

區域	公司數65,000家		發行金額（億美元）	
	全部	本國籍		
1. 亞太	55%	58%	現金增資	844
2. 歐洲、中東、非洲	25%	13.8%	特別股	160
3. 美洲	20%	18.2%	新股上市 特殊收購公司	88 4

全球十大證券交易所
──各國總產值與股市市值比率

每家新聞臺每天皆會播報全球前十大股市指數與漲跌,本單元以更大視野,說明十大經濟國總產值(GDP)與其證交所股票市場價位,連帶說明其股市上市公司數目。

一、全球前十大經濟國,市占67.5%

全球前十大經濟國占全球總產值67.5%,其餘183國占32.5%,很不平均。

二、全球前二十大股市

(一)全球股市

全球193國(聯合國)中,有許多國家沒有健全的股市,所以網路上公布的全球股市指的是70國。

(二)各國股市市值

以美國來說,紐約、那斯達克各占全球股市市值約25.5%、22.62%,合計48.12%,這有重複計算,主要是蘋果公司等。

三、趨勢分析

由圖4-2可見,從48年的歷史來看全球總產值、股市市值趨勢。

(一)全球總產值

由圖4-2可見,全球總產值(實質經濟成長率加總產值價格上漲率)平均以每年3%的速度上漲,有點複利成長味道,1975年6兆美元、2023年106兆美元,48年漲16.67倍,平均每年漲37%。

(二)全球股市市值

1975年1.15兆美元,2023年108.6兆美元,48年漲93.43倍,漲幅是總產值的5.6倍。

(三)股市市值漲得比總產值多

這隱含可以說,股價指數漲得比經濟快。

（四）全球股市資料來源

- 時：1961年。
- 地：英國倫敦市。
- 人：世界交易聯合會，58國組成（World Federation of Exchanges, WFE）。
- 事：在WFE Statistics Potal。

表4-1　2023年全球15國總產值／股市市值

單位：兆美元

排名	國家	總產值	%	股市 *上市公司家數	市值（2023.8）	%	2022年本益比	殖利率（%）
1	美國	26.85	25.43	1.1紐約 *2,600 1.2那斯達克 *3,900	27.69 24.56	28.13 17.35	20.4 23.07	1.77
2	中國大陸	19.37	18.35	2.1上海 *2,300 2.2深圳 *2750 2.3香港 *2,590	8.15 6.22 5.43	7.5 5.75 5	13 23.85 9.5	2.64
3	日本	4.41	4.18	*3,860	6..54	6.02	15.1	2.36
4	德國	4.31	4.08	*4,850	2.1	1.93	13.53	3.68
5	印度	3.75	3.55	*5,600	3.55	3.27	23.68	1.27
6	英國	3.16	3	*1,950	3.8	3.5	17.13	3.65
7	法國	2.924	2.77	Euro Next 7國	7.33	6.75	—	2.92
8	義大利	2.17	2.05	*300	—	—	—	—
9	加拿大	2.09	1.98	*3,600	2.26	2.08	12.77	3.31
12	南韓	1.72	1.63	*2,460	1.83	1.68	13.53	—
13	澳大利亞	1.71	1.62	*2,150	1.55	1.43	11.14	4.6
18	沙烏地	1.06	1	*230	2.71	2.5	—	—
21	臺灣	0.75	0.7	*1,800	1.59	1.46	10.64	—
22	瑞士	0.98	0.8	*240	1.95	1.8	10.4	—
42	伊朗	0.37	0.35	*370	1.29	1.19	—	—
	全球	105.569	100	—	108.6	100		

＊單一股市。

註：排名所列爲全球部分國家數據，總計則爲全球數據。

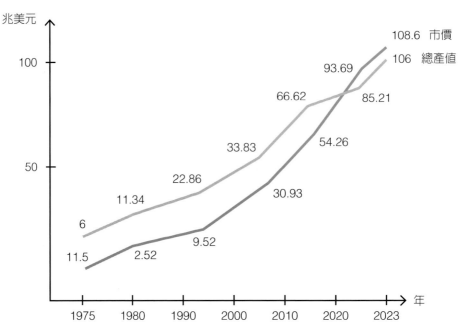

圖4-2 全球總產值與70國股市市值

兆美元

108.6 市價
106 總產值

100

93.69
85.21
66.62
54.26
33.83
30.93
22.86
11.34
9.52
6
2.52
11.5

50

1975　1980　1990　2000　2010　2020　2023　年

資料來源：英文維基百科Market Capitalization。

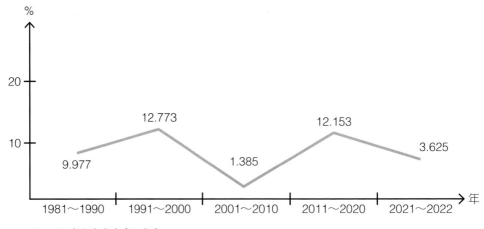

圖4-3 標普500指數每10年漲跌幅

%

20

10

12.773
12.153
9.977
1.385
3.625

1981～1990　1991～2000　2001～2010　2011～2020　2021～2022　年

註：2021年起尚未走完10年期。

4-3 全球十大國巴菲特指標與本益比

主要國家股市有比價關係，投資人會「買低賣高」，這會使全球各股市的本益比漸趨一致，本單元額外多考量一個變數，即圖4-4X軸的巴菲特指標，以美臺中股市情況來推論未來的「應」發展方向。

一、X軸：股市市值占總產值比率

（一）巴菲特指標（Buffet Indicator）：2001年12月，股神華倫·巴菲特（Warren Buffet, 1930～）接受《富比士》雜誌記者訪問，說明其判斷股市是否超漲的指標是以一國股市市值除以總產值。本書不擬說明各國的巴菲特指標，因不易得到轉捩點。

（二）股市發達國家：由Unit4-2的表4-2可見，絕大部分國家股市市值小於總產值，但股市發達國家例外，例如：美國、沙烏地阿拉伯〔（主要是全球市值第三、市值2.24兆美元的沙烏地阿美公司（Saudi Aramoo）〕、臺灣、瑞士。

（三）美國的巴菲特指標：美國的巴菲特指標很高。

· 其總產值占全球總產值約25.5%。

· 美國股市占全球股市市值48.12%，簡單的說，美股有些虛胖。從另一角度說，即是「美股打噴嚏，全球重感冒」。

二、Y軸：本益比

（一）現金股利殖利率（Cash Dividend Yield）：俗稱現金殖利率，以每股淨利（Earning Per Share, EPS）5元為例，其中4元以現金股利發放，現金殖利率80%。我完全不看這指標，因為這無法說明什麼。

（二）全球現金股利殖利率：以全球來說，詳見Unit4-2的表4-1第9欄，本月資料詳見MSCI各國殖利率。

（三）本益比：台積電股價600元，除以每股淨利40元，稱為「本益比」（Price Earning Ratio, P/ER，臺灣用PER），達15倍；中國大陸稱本益比為「市盈率」。

三、推論

由圖4-4可見，3×3共有9個象限，把美臺中股市依X、Y軸標示於圖上，由圖上箭頭觀之，大抵「應」往第4、5象限發展。

（一）美股：美國在X軸「太股市化」、Y軸「本益比」高於20倍，宜從第1～3象限往第4～6象限發展。

（二）臺股：臺股X軸「太股市化」，宜由1、4、7象限往第5象限移動，Y軸本益比低於全球，應從第7象限往第4象限移動。

（三）中國大陸股市

·深圳股市：應從第3象限往第5象限移動。

·上海股市：應從第9象限往第5象限移動。

·香港股市：同上。

圖4-4　2023年美臺中股市「本益比」發展方向

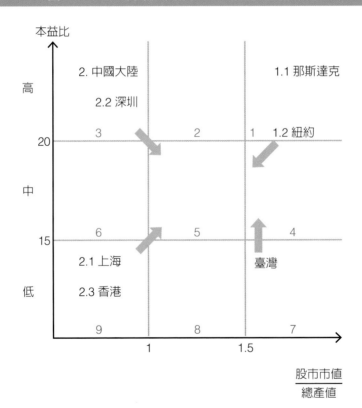

4-4 股票市場交易

全球各主要股票市場交易大同小異，你了解一個交易方式後，到海外另一股市交易只需了解差異處即可。表4-2B以一個交易日從時間順序（第一欄）為準，依情況出現頻率分為「常見」、「少見」（見表4-2B第一列），以此為架構，有系統的了解股市交易規定，至於「少見」情況，等真正碰到了，再做深入了解即可。

一、電腦撮合方式

由表4-2A可見，盤中電腦撮合分為兩種方式，各取其優點、去其缺點。

表4-2A　兩種撮合方式		
時	盤前08:30～09:29 盤末13:25～15:29	盤中09:30～13:24
一、交易方式	集中競價（call auction）	逐筆「競價」（或交易） （continuous trading）
二、對股價 1. 代表性 2. 穩定性	✓	易受單一筆交易影響，以避免13點29分45秒時，有人以小單掛高價「拉尾盤」
3. 連續性	✓	✓，5秒撮合一次

二、下單價格

下單依「價格」、「下單存續期間」兩者相乘，詳細情況可參見表4-2B，以下單買進台積電20張為例，作表很容易看懂，比看「逐筆交易懶人包」更易懂，也不用花6分44秒去看網路影片（例如：Learning Pa）。

表4-2B　臺灣股票市場一天交易時間情況

一天時間	少見	常見	說明
一、交易前			
二、交易中			
（一）下單方式	人工下單占二成 1. 當面下單 2. 電話下單	電子下單占八成	—
證券公司手續費	0.1425%	左述3～6折 ・股款1,000萬元6折	許多證券公司皆採單一費率，例如：打5折
（二）下單價格	限價（例如：690元） 1.當日有效（ROD） 2.立即成交（IOC） 3.全部成交（FOK）	市價（例如：700元） 1.當日有效（ROD） 2.立即成交（IOC） 3.全部成交（FOK）	ROD: Rest of Day IOC: Immediate-or-Cancel FOK: Fill-or-Kill
（三）下單時間	1.開盤08:30～09:00 2.收盤13:25～13:20	交易時間09:00～13:30	交易時間09:00～13:30
撮合方式	集合競價 5秒撮合一次	逐筆交易	2020年3月3日起
（四）交易時間：盤後交易	14:00～14:30 最小交易單位1張 依收盤價，俗稱定盤交易	零股交易 依漲跌10%	13:30～14:00下單
（五）價格漲跌幅度	新股上市（IPO） 五個交易日內沒有漲跌幅限制	以台積電600元為例 ・漲停660元 ・跌停540元	新股沒漲跌幅限制 2005年3月1日實施
（六）是否信用交易	信用交易 1.融資（作多） 2.融券（作空）	一般	融資利率65% 融券利率0.1%
（七）交易數量	零股交易，至少1股，電子下單 證券公司手續費20元以上	以「張」為單位	盤中零股交易 2020年10月
三、交易後			
（一）證券交易稅	—	僅限出售股票時，稅率0.3%	實務稱為千分之三，本書以百分比為基準
（二）證券交易所：賣出	—	證交稅0.3% 例如：台積電 660元×1,000股 ×0.3%＝1,980元	—

4-5 美臺中股票市場投資人結構

　　站在投資人（自然人、散戶，retail investors）角度，關心股票市場中的投資人結構，是希望股市不要變成「弱肉強食」，小蝦米也能占有一席之地，本單元加以說明。

一、投資人結構的重要性
──伍忠賢（2023）股票市場自然人與法人競爭優勢量表

　　每個國家證券主管機構都希望股市的發展在交易市場中最好沒有炒作（主力養套殺的坑殺散戶），甚至沒有股市泡沫破裂以致哀鴻遍野。讓股市健全發展的基本措施如下：公司董事會的組成（例如：獨立董事組成三種委員會）、交易市場的投資人結構。

　　伍忠賢（2023）股票市場與法人競爭優勢量表，詳見表4-3A。

1. 自然人5分：5題每項都得最低分，簡單的說，自然人可用西漢司馬遷所著《史記·項羽本紀》中的「人為刀俎，我為魚肉」來形容。

2. 法人中本國證券投資信託公司得43分：比外資27分高，看似怪怪的，以其中兩項說明。

　　·價格發現：以台積電投資價位來說，臺灣的證券投信公司有主場優勢，比外資證券公司的證券分析師擁有更多資訊、更深入的投資價位計算。

　　·投資報酬率：2022年8月1日，永豐金證券公司在豐雲學堂網站上的文章，以2014～2022年為研究期間，且以XQ軟體回測投資績效，投信288%、外資86%、證券公司自營部77%

二、投資人結構

　　每次提到外資（Qualified Foreign Institutional Investors, QFII）占股市比率，包含兩個觀念。

　　（一）存量：以2023年9月為例，這是正確的觀念，由表4-3B來看，從股市市值來說，外資占37%、本資法人26%、自然人占37%；以人的身分來說，法人占63%，跟自然人37%相較，幾乎是二比一，臺股「相對理性」！外資最高時，2020年42.92%，之後每年賣超臺股，占比逐年降低。

（二）流量：以2023年7月為例。

國籍	法人	自然人	說明（高點）
一、外國	28.6%	0.04%	2022年10月外國法人36.7%
二、本國	10.46%	60.9%	2021年6月自然人占73.7%

三、美臺中投資人結構

以股票市場的市值來看美臺中的投資人結構。

（一）美國法人占63%：美股中法人比率89%的原因是1981年起的401(K)計畫，勞工所存退休金改由政府（像臺灣勞動部旗下的勞動基金運用局）等代管。法人之中，外資占23.5%（國外基金占13.5%、一般占10%）

（二）臺灣占63%：如前述，臺股中法人主導，散戶跟隨。

（三）中國大陸上海A股外資占5%：目前缺乏相關資料。

表4-3A　股票市場自然人與法人競爭優勢量表

大分類	中分類	1分	5分	10分	自然人	法人本國投信	外資
一、投入：資料	1. 資料範圍	國	洲	全球	1	5	10
二、轉換：分析、投資價位	2. 價格發現：投資價位與實際	50%	80%	10%	1 比較沒主見，易從眾	9	7
	3. 投資期間	1週 低	6個月 中	1年 高	1	10	4
	4. 風險承擔能力				1	9	3
三、產出	*股價穩定性 5.（年）投資報酬率	1%	10%	20%	1	10	3
小計（評分）	—	—	—	—	5	43	27

* 未列入評分。

®伍忠賢，2023年2月7日。

表4-3B　美臺中股票市場投資人結構

單位：%

國家 身分別 量	美：紐約		臺灣：集中市場		中國大陸：上海	
	流量	存量	流量	存量	流量	存量
一、法人	75	63	40	63	10	75.53
（一）外資	—	23.14 基金13.51 僑外9.63	30	37	—	滬股通3.8
（二）內資	—	39.86 法人23.64 金融機構 5.85	10	26	—	一般法人53.11 專業機構19.14
二、自然人	25	37 外國0.44 美國36.89	60	37	90	24.43

資料來源：上海證券所，《統計年鑑》，2022年11月，第791頁。

註：美國存量「內資」還有三細項：政府5.1、投信1.38、公司庫藏股0.11，其他3.79。

表4-3C　2021～2022年臺灣上市上櫃市場投資人結構

項目	2021年12月	2022年12月
一、交易額	—	—
1. 年（兆元）	97.27	71
2. 日（兆元）	0.3967	0.2885
二、結構（%）	100	100
3. 法人	33.8	44
3.1 外資	25.3	33.5
3.2 本土	8.5	10.5
4. 自然人	66.26	—
4.1 外國	0.06	0.04
4.2 本土	66.14	55.96

臺灣股市的主導力量：外資法人
──外資法人以本益比「買高賣低」

　　三個財經電視臺每天會說明當日三大法人買（賣）超金額，以一天來看，這有參考價值；以年來看，外資占臺股（集中市場）市值約40%，是臺股最大力量，另二大法人（證券投資信託公司、證券公司自營部）不到4%。本單元說明臺股外資持有市值比率跟臺股本益比正相關。

一、全景：外資法人占市值比重

　　（一）1995年以來趨勢分析：由圖4-5可見，股市市值跟外資比率正相關。2014年破20%，即21.84%；2006年破30%，即33.2%，這是外資主導臺股的元年。

　　（二）2017年以來趨勢分析：平均值40%，最高值是2022年10月42.92%。

二、買超與賣超

　　（一）買超（overbought）：買大於賣，例如：買100、賣80，買超20。

　　（二）賣超（oversought）：買小於賣，例如：買80、賣100，賣超20。

三、外資法人的買賣決策

　　（一）2009～2017年買超臺股：只有2011年賣超2,776億元。

　　（二）2018年起，賣超是常態：由於2018年美國摩根士丹利資本國際（MSCI）證券公司的世界股市指數加碼中港股市，減碼臺股，外資賣超臺股成為常態，只有2019年買超2,443億元。

四、外資買賣超對臺股的影響

　　（一）2019年買超2,442億元，指數上漲23.3%。

　　（二）有四年賣超，二年下跌。由圖4-7可見，2018～2022年有四年賣超，只有兩年指數下跌。

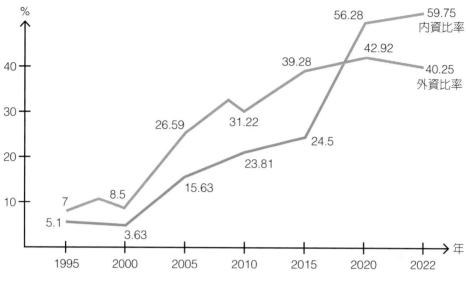

圖4-5　1995年以來，外資及陸資占臺股市值比

註：2004年21.84%破20%。

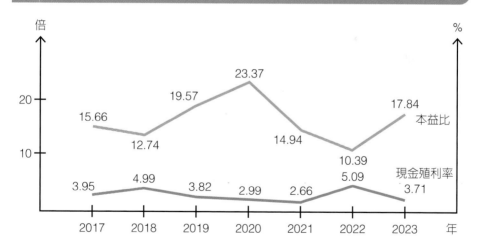

圖4-6　臺股相對價格與股利報酬率

註：以指數17,500點爲年底收盤數據。

圖4-7 外資買賣超金額

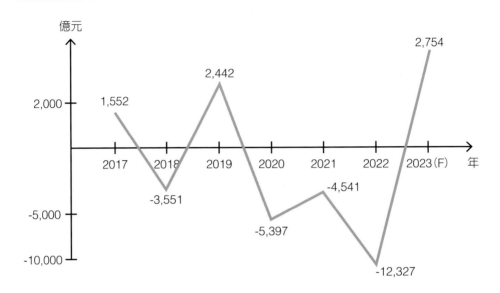

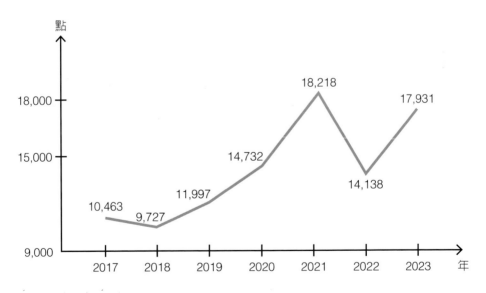

資料來源：臺灣股市資訊網（Good Info），三大法人買賣超狀況。

4-7 集中交易市場的金融商品

去市場購物前，需先知道市場有什麼商品。同樣的，你去證券公司開戶，進入股市前，也要知道股市中有什麼證券可以買。

一、金融商品

人們去菜市場買菜，同樣的，在股票市場中稱為金融商品（financial commodity），大部分以二種型式出現。

（一）紙本：股票等有標準格式，2014年以前，股票面額10元，一「張」（board lot）1,000「股」（share）。

（二）無實體：由集中保管結算公司製發集保存摺給投資人，跟銀行存摺功能、型式一樣。

二、「90：10」原則

許多人知道義大利經濟學者柏雷托（Vifredo Pareto, 1848～1923）的「80：20原則」（Pareto Principle），但我看過許多統計數字，經常出現「90：10」的情況，臺灣證券交易所三大類金融資產交易呈現以下狀況：

（一）基本資產之股票占成交值94%

由表4-4可見為分三種，其中「受益證券」是指「房地產基金」（Real Estate Investment Trusts, REITs），房地產公司把房地產證券化，化成每張原始價1萬元（面額10元、1,000單位，跟股票一樣）的受益憑證，本質上是商用房地產分割成小單位出售。只有7支年殖利率約4%，較適合退休金。而證交所主要交易的證券一定是「股票」，臺灣至2023年止，上市公司997家，上櫃公司816家，每年下市股票約5支，上市（含上櫃轉上市）股票約10支。

（二）合成型資產占成交值5%

全部都是封閉型（即投資人不能要求投資信託公司贖回）、指數型。

‧投信公司自編指數基金，只有5支，交易量較少。

‧證交所編製指數的「證交所交易股票型基金」（Securities Exchange Traded Stock Index Fund）。

（三）衍生性金融資產占成交值1%以內

名稱為「權利證書」（warrants），即選擇權（option）。因為是高槓桿倍數（10倍以上）交易，以台積電權證來說，台積電股價漲1%，台積電權證漲10%，只要操作錯誤，10天可能就掛了。

表4-4　臺灣證券交易所各類證券交易額比重

預期報酬率（％）	預期虧損率（％）	時 / 項目	2021年 金額（兆元）	％	2022年 金額（兆元）	％
		小計	95.517	100	62.86	100
		三、衍生性資產	—	—	—	—
300	100	（一）權證	0.6815	0.713	0.0395	0.11
18	6	二、合成資產：封閉型基金	—	—	—	—
		（二）指數型	0.01358	0.0142	0.00027	—
12	4	（一）證交所指數（ETF）	2.454	2.57	3.08	4.9
—	—	一、基本資產之一：股票（另一是債券）	—	—	—	—
15	5	（三）存託憑證	0.0725	0.076	0.00041	—
6	2	（二）受益證券	0.0053	0.0054	0.00016	—
12	4	（一）股票	92.29	96.62	59.09	94

資料來源：臺灣證券交易所，《證券統計資料年報》之二「歷年證券交易量值總表」。

全球重大股市交易時間

全球主要國家股市因各國有時差，所以沒辦法「國際接軌」，比較一致的是，一天營業時間的長度，詳見表4-5。

一、全球重大股市每日開盤時間

（一）一盤到底：美中臺

商店都有營業時間，股市的營業時間短，大都為六小時以內，早上九點到下午兩點，主因在於股價瞬息萬變，投資人需緊盯行情螢幕，只好減少上洗手間次數，甚至迅速吃便當等，對身心都是一種折磨。由表4-5可見全球重大股市交易時間。

（二）分上下午盤：占20%

二、臺灣股市

（一）一年交易時間

上班族「朝九晚五」，一年休假114天，同樣的，股票市場一年開市時間跟上班日相同。證交所開市時間跟上班日一樣，一年248天左右，碰到颱風天有二種休市標準：臺北市停止上班（因證交所在臺北市）與全臺有一半以上縣市停止上班。

（二）每日正常時間

盤中交易（intraday trading），俗稱普通交易。

（三）盤後交易

下午收盤以後的股票交易稱為盤後交易（after-hours trading或post-market sessions），可分為極小、極大量的股票交易。在下單軟體上挑選「盤後交易」：

· 盤後零股交易：下午一點四十分到兩點半，兩點半撮合。

· 盤後交易：以一張為單位，下午兩點到兩點半下單，兩點半撮合。

哪些人會採取盤後交易？主要是收盤後有大消息，採取預防措施。

表4-5　全球重大股市交易時間

排名*	一盤到底		排名*	早午盤	
	地	時		地	時
1	美國	09:30～16:00	2	中國大陸	09:30～11:30
6	英國	08:00～16:30	—	上海	13:00～15:00
5	印度	09:15～15:30	—	深圳	09:30～12:00
9	加拿大	跟美國同	—	香港	13:00～16:00
42	伊朗	09:00～12:30	3	日本	09:00～11:30
3	澳大利亞	10:00～16:00	—	—	12:30～15:00
18	沙烏地	10:00～15:00	—	—	—
20	臺灣	09:00～13:30	—	—	—
22	瑞士	09:00～17:20	—	—	—

資料來源：整理自TradingHours.com, List of stock market。

*總產值排名。

圖4-8　臺灣股市一天交易時間

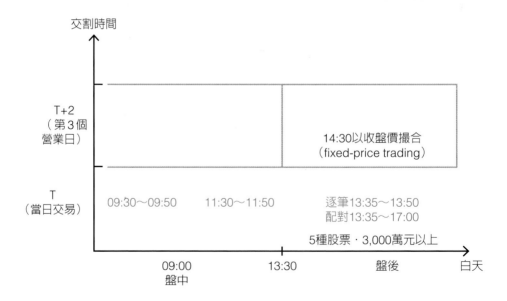

080　超圖解投資規劃與管理

美中臺券商手續費與證券相關稅費

投資人下單買賣股票，在乎的是股價高低與交易成本。

一、交易成本

臺股的交易成本（transaction cost），包括券商手續費與證券交易稅，兩者在全球皆極低。

二、美中臺股票交易成本

由表4-6可見美中臺的交易成本。

（一）美國：在臺灣買美國股票至少有兩種方式，一是上網直接在美國證券公司開戶，一是在臺灣的證券公司開美股帳戶。例如：先下單給元大證券公司，再下單給美國摩根大通證券銀行，共兩次委託，稱為「複委託」（sub-brokerage）。

（二）中國大陸：由於買賣股票需要中國大陸銀行帳戶，以便款項交割，2021年起，中國大陸對臺灣人民的銀行開戶審核趨嚴，以在當地工作、求學的人為主。表4-6第三欄的中國大陸上海證交所之交易，以中國人買A股為例說明。

三、券商手續費

證券公司跟房仲公司一樣，作為買賣雙方的中間人，賺的是服務手續費，稱為券商手續費（brokerage fee）。依客戶種類、下單方式，券商收取不同的手續費率。

（一）月成交值：許多券商以客戶每月成交值0.5億元作為分水嶺，分成散戶（即小戶）、中實戶（甚至大戶，月交易5億元以上），也跟許多商店一樣，對顧客皆有數量折扣的優惠。中實戶在證券公司享有包廂（即VIP）待遇，裡面有免費飲料、便當等，且手續費極低；散戶則只能在營業廳盯著行情表。

（二）下單方式：證券公司養營業員需付薪水、租營業空間需付房租，顧客透過電話或當面下單，券商的成本較高，所以收的手續費也較高。投資人買股票一張，付出金額為股價×1,000股，再加上券商手續費，銀行帳戶內至少要有這樣的金額才夠交割。

四、證券交易稅

　　賣方比買方多付一項交易成本，即證券交易稅（簡稱證交稅），是因證券交易所得稅復徵困難，因此以證交稅來取代。證交稅率0.3%（或稱千分之三），以全球主要股市的資本利得稅率來說，可說是微不足道。2014年證交稅收入887億元，若投資人賣股票收入10萬元，扣掉143元券商手續費、300元證交稅，淨收入為99,557元。

表4-6　美中臺證券公司之券商手續費和證交稅

國家 項目	臺灣	中國大陸	美國	
			複委託	直接開戶
一、證券公司	券商手續費	中國人買上海證交所A股情況	臺幣支付即可	匯款有匯款費，匯費率0.05%或100～800元
1. 買進	0.1425%	0.003～3%	0.25～1%	―
(1) 散戶	如600元×0.1萬股×0.1425%=855元	不足人民幣5元，收5元	最低15～39.9美元	―
(2) 大戶	帳面價打折	另過戶費每100股收人民幣0.06元	―	
2. 賣出	如660元×0.1萬股×0.1425%=941元	同上	同上	―
二、證交稅				
1. 交易稅：賣出時	0.3%或千分之三	―	―	
如600元×1,000股×0.3%=1,800元	印花稅0.1%	同右	0.00207%，2019年4月12日起	―
2. 證券交易所得稅	―	配股配息，稅率20%	現金股利所得稅30%	同左，沒有資本利得稅

市值與成交值

你買了4斤芭樂，一斤25元，單價乘上數量便是總價，此例為100元。同樣的，在股市中，這稱為個股市場價值（market capitalization，簡寫market cap，即市值）。本單元詳細說明。

一、流量與存量

流量跟存量是經濟學四大觀念之一，在各個學門（例如：會計中的損益表、資產負債表）、生活（例如：體重增減）都會遇到，在股票市場也是。

二、股市流量：成交值

（一）日成交值：2022年的年成交值62.71億元，股價指數上漲26.8%，交易熱絡，日成交天數224天，成交值27.92億元。

（二）超短線的當日沖銷占比：以成交股數來說占19%；以成交值來說，分成買進占38%、賣出占38%。

（三）年成交值：以2010年28.218兆元為起點，2018年才超越，2020年起成長至45.65兆元，2021年創紀錄為92.3兆元。關鍵原因至少有二：第一，2014年1月6日開放「先買後賣」當日沖銷，6月30日開放「先賣後買」當沖；第二，2020年10月開放盤中零股交易。

三、股市存量：股票市值

「國者，人之積也」，同樣的，股票總市值即是股市中的股票市值加總，因此先以台積電說明個股市值。表4-7B是2023年的假設情況。

（一）個股市值：以台積電股價600元為例，採用市值計算公式來計算，為簡化起見取整數。259.3億股乘上600元（股價），市值15.56兆元，最直接的說法，當天台積電股票市值15.56兆元。

（二）大盤市值：把股市中的股票算出市值，加總便得到股市總市值，臺股約55兆元、股價指數約18,000點。

（三）個股占總市值比重：個股占總市值比重可用公式計算，設若台積電市值15.56兆元、總市值55兆元，則台積電約占28.3%。

（四）臺灣前十大權值股：詳見表4-7B。

表4-7A　2023年底評估臺股、台積電成交值、市值

項目	流量（flow）	存量（stock）
財務報表	損益表	資產負債表
一、產值	2023年評估	—
1. 臺灣（2023年）	總產值（GDP） 23.35兆元	國家財富2021年 毛額280兆元
2. 單一公司：台積電（2023年衰退4.5%）	營收2.16兆元 淨利8,384.98億元 每股淨利32.34元	淨額225兆元 總資產4.965兆元
二、股票市場	—	2023年市值達56.84兆元
1. 集中市場	日成交值0.24兆元 年成交值60兆元	市值55.2兆元 股市總市值 $=\sum_{i-1}^{n}$ 市值
2. 單一公司：台積電	日成交值0.012兆元 年成交值0.2868兆元	1,000支股票市值之總和 $\sum_{i-1}^{n}$：這字唸成sigma i=1到n 市值15.56兆元＝股數×股價＝259.3億股×600元

表4-7B　2023年臺灣前十大值權股

排名		證券名稱	市值占大盤比率
1	2330	台積電	28.3%
2	2317	鴻海	2.86%
3	2454	聯發科	2.36%
4	2412	中華電	1.88%
5	6505	台塑化	1.59%
6	2308	台達電	1.57%
7	2881	富邦金	1.45%
8	2882	國泰金	1.26%
9	2303	聯電	1.25%
10	1303	南亞	1.20%

資料來源：臺灣證券交易所。

排名	公司	行業	市值（兆美元）	股價（美元）	收入（TTM）（億美元）	毛利潤（TTM）（億美元）
			表4-7C 全球前十大市值公司排名（2024年5月）			
1	微軟（Microsoft）	軟體技術	3.161	425.34	2,275.8	1,587.4
2	蘋果（Apple）	科技	2.929	191.04	3,857.1	1,736.7
3	輝達（nVIDIA）	半導體	2.331	947.80	609.2	443.0
4	谷歌（Alphabet）（Google）	互聯網	2.195	178.46	3,071.6	1,743.0
5	沙特阿美（Saudi Arabian Oil）	能源	1.933	7.99	4,944.1	2,789.6
6	亞馬遜（Amazon）	電子商務	1.910	183.54	5,747.9	2,700.5
7	臉書（Meta Platforms）（Facebook）	互聯網	1.189	468.84	1,349.0	1,089.0
8	波克夏·海瑟威（Berkshire Hath）	投資集團	0.8922	413.00	3,644.8	709.5
9	台積電（TSMC）	半導體	0.7964	153.55	692.7	366.1
10	禮來（Eli Lilly）	製藥	0.7443	783.18	341.2	270.4

資料來源：Largest companies by market cap。

圖4-9 當日股票交易價格2×有效時間3的6種方式：以台積電為例

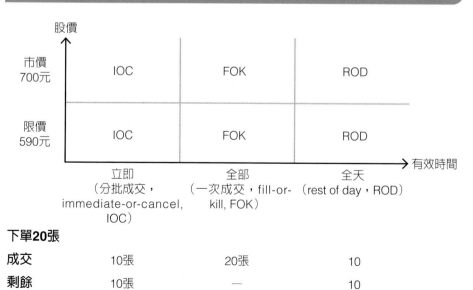

下單20張

成交	10張	20張	10
剩餘	10張	—	10

上海證交所累積開戶數與上證指數

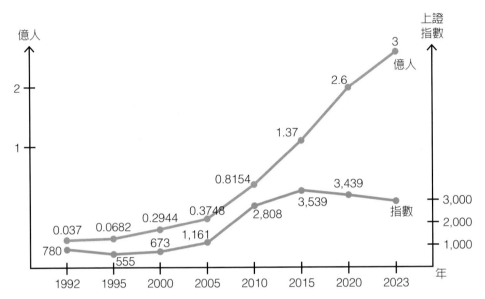

資料來源：上海證券交易所，《統計年鑑》，2022年，第789頁。

註：指數高點在2007年10月16日，為6,124點。

Chapter

金融市場之技術、基本分析

全景：金融投資兩大類分析方法
——技術分析vs.基本分析

金融投資的分析方法粗略分為兩大類：技術分析和基本分析，中英文用詞詳見下表。你上網查詢，許多文章大談特談技術分析跟基本分析的差異，或是技術分析跟基本分析哪一種方法比較賺錢。

一、以醫生看診方式為例

醫生看病時，診斷工具依科技程度分為兩個時期，詳見表5-1。

（一）原始的工具：1816年起，僅有聽診器。1816年的聽診器只是把之前數百年的聽診方式予以標準化，對心、肺、胃等器官的健康，可以提供基本資料，這需要醫生多年來的臨床經驗。

（二）進階的工具：1895年起，出現視診器，X光機的發明，讓醫生可以看到人的骨骼、幾乎主要器官的外貌。1970年代，X光的立體發展稱為電腦斷層，比X光提供的資訊更多。

二、時空背景

俗語說：「巧婦難為無米之炊。」同樣的道理，金融投資的分析方法分成兩大類，背後的時空環境，跟資料可行性有關。

（一）1900年，技術分析：此時投資人看不到上市公司的財務報表，只能「把成交視為合理」，用各股股價、成交量去「看圖說話」，分析水準很原始。

（二）1909年起，基本分析：詳見Unit 6-1。

中文	技術分析	基本分析
英文	technical analysis	fundamental analysis
又稱	數量分析（quantitative analysis）	基本面分析

三、基本面是底，技術分析是表象

2022年5月我聽到一位證券分析師說，股票成交的價量，都是投資人對公司未來每股淨利的一種展望。而投資人無法正確預測台積電未來一、二年，甚至五年的每股淨利，只好從「交易價格」、「成交數量」去分析，所以離開基本分析，技術分析是沒有「根」的。

表5-1　股票市場中兩大類分析方式

分析方式 項目	一、技術分析	二、基本分析	
		由下	由上到下
醫療診斷比喻	聽診器	X光	電腦斷層
時	1816年，法國醫生雷奈克（Laennec, 1781～1826）	1895年，德國倫琴（W. C. Roentgen）	1970年代美、英
一、資料			
（一）基本面	—	—	—
1. 總體	—	—	✓，1937年起，美國開始有國民所得統計
2. 產業	—	—	✓
3. 公司	—	✓，1933年美國《證券法》通過，上市公司財報	✓
（二）股市	✓	—	—
二、分析			
時	1900年	1909年	1942年起
人	道（Charles H. Dow, 1851～1902）	例如：大衛‧多德（David Dodd, 1895～1988）	美國商務部
事	根據1900～1902年在《華爾街日報》上的255篇文章，整理出道氏理論（Dow Theory），6項基本「法則」（tenets）	1934年出版《證券分析》（Security Analysis），例如：葛拉漢	1937年，國民經濟研究局（NBER）提交《國民所得會計報告》給國會，但到了1942年，商務部才開始實施

5-2 20世紀美國十大股票投資人

美國探索頻道中常見獅與虎打架的影片，誰會勝出？甚至有一小時的影集比較非洲草原、森林、沙漠（納米比沙漠）三地獅子，哪裡的獅子戰鬥力較強？

2015年的陸劇《琅琊榜》，以魏晉南北朝中的南梁為時空背景。其中琅琊閣每年更新一次下列排行榜：公司、美人、富豪、高手、富豪（詳見百度百科）。

由於這個啟示，本單元嘗試回答投資管理兩大類分析方法中「誰最賺」的問題。

一、問題

搜尋「基本分析」中的「由上到下」、「由下」定義時，會有許多說明，但關鍵是如何解決時（20世紀）空（全部是美國）的差異

二、解決之道

- ·時：1999年11月。
- ·地：美國。
- ·人：卡森集團（The Carson Group）。
- ·事：在《紐約時報》上的文章，調查對象從7,000家投信、證券、銀行等專業投資機構中，選出302位基金經理等，這些人投票選出20世紀美國十大投資人，詳見表5-2。

三、說明

10位投資人有幾種分類方式，由表5-2可見，後者一是依據投資人屬性分成四型。

（一）由上到下，六位：依投資人屬性包括四類中的三類

- ·積極成長型：主要是以衍生性金融商品基金（hedge fund）為主的二個人和其基金，即喬治·索羅斯與朱里安·羅伯遜。
- ·成長I型：如彼得·林區的麥哲倫基金與馬克·墨比爾斯，後者主攻新興市場基金。
- ·成長II型：華倫·巴菲特自1978年起，投資方式從「由下」改為「由上到下」（詳見第六章），代表人物有約翰·坦伯頓。

（二）由下，四位：這包括投資屬性中的兩類

· 風險分散型一位：即排名第七的先鋒領航集團旗下，1975年成立的先鋒
「標普500指數基金」（Vanguard 500 Fund），號稱全球第一支指數型
基金，由約翰·柏格（1929～2019）成立。

· 收益型三位：這包括表5-2中的排名第4、6、8名。

表5-2 20世紀美國十大投資人的投資屬性

年齡	18～35歲	36～45歲	46～55歲	56～65歲	66歲以上
E(R)	45%	30%	18%	9%	3%
E(L)	-15%	-10%	-6%	-3%	0%
投資屬性	（一）積極成長	（二）成長I	（三）成長II	（三）風險分散	（四）保守（收益）
分析方式	（一）由上到下	─	─	（二）由下	價值投資
一、					
排名	5	2	1	6	4
公司	量子基金公司	富達基金公司	波克夏	先鋒集團（Vanguard's）	葛拉漢·紐曼公司
人	喬治·索羅斯（George Soros）	彼得·林區（Peter Lynch）	華倫·巴菲特（Warren Buffet）	約翰·奈夫（John Neff）	葛拉罕與多德
事	衍生性商品基金，第三超級分類資產	麥哲倫基金，13年平均報酬率29%	平均報酬率20%	溫莎基金	Benjamin Graham與David Dodd
二、					
排名	9	10	3	7	8
公司	老虎基金	富蘭克林坦伯頓基金公司	同左	先鋒集團（Vanguard's）	富坦公司
人	朱里安·羅伯遜（Julian Robertson）	馬克·墨比爾斯（Mark Mobius）	約翰·坦伯頓（John Templeton）	約翰·柏格（John Bogle）	麥克·普萊斯（Michael Price）
事	多空投資	新興市場基金	全球成長基金	標普500指數基金	Mutual Series

®伍忠賢，2023年5月20日。

5-3 兩大類分析中買進、持有與賣出決策準則

　　股票投資兩大關鍵問題：買什麼（what）、何時買賣（when）。本單元回答何時（timing），依技術、基本分析兩大類說明。

一、技術分析

　　（一）黃金交叉時「買進」，死亡交叉時「賣出」。詳見Unit 5-11。

　　（二）上升五波「買進」，下跌三波「賣出」。詳見Unit 5-7。

二、基本分析之一：買入持有法

　　（一）總體經濟分析：以巴菲特指標（Buffet Indicator）來說，是指股市市值除以全國總產值，但美國有數個股市，超級股票又重複在各股市掛牌，總市值的計算很複雜，故本書不說明。

　　（二）產業分析：由表5-3可見，這涉及產業生命週期、市場結構。

　　（三）公司層級：托賓Q，詳見Unit 6-4。

三、基本分析之積極投資

（一）總體經濟

　　‧實體面：例如：經濟成長率3%以上買股，1%以下賣股。

　　‧金融面：以美國30年公債殖利率為例，4%以上賣股，2～4%持有，2%以下買股。

（二）產業分析

　　以農工礦業來說，產業循環現象明顯，復甦時買進，在產業景氣頂峰前賣出股票。

（三）公司分析

　　‧營收成長率：5%以上買進，3～5%持有，低於3%賣出。

　　‧每股淨利：3美元以上買進，2～3美元持有，2美元以下賣出。

表5-3　美國經濟、金融面與股市

股市	多頭			空頭	空頭進入多頭
年	2019	2020	2021	2022年	2023年
一、兩大指數					
（一）道瓊30	28,539	3,060.9	36,338	33,147	3,789
1.1 本益比（倍）	—	—	24.09	—	23
（二）標普500	3,230	3,756	4,766	3,839.5	4,770
2.1本益比（倍）	22.51	38.23	24.09	21.79	25
二、經濟					
（一）實體	新經濟	高成長	低物價	平庸經濟	—
1.1 經濟成長率（%）	2.3	-2.8	5.9	2.1	3.1
1.2 失業率（%）	3.67	8.05	5.46	3.6	3.7
1.3 物價上漲率（%）	2.3	1.4	7	6.6	3.9
（二）金融面	3.5%，低利率		3.5%高利率	—	5%以上高利率
2.1 聯邦基金利率（%）	1.55	0.09	0.07	4.33	5.33
2.2 10年期政府公債利率（%）	1.92	0.93	1.52	3.88	3.866
三、股市金融面					
3.1 巴菲特指標：Wilshire 5000巴菲特（%）	149.01	179	195.61	148.46	177.8
3.2 道瓊對總產值	1.31	1.37	1.42	1.27	1.29
3.3 蘋果公司本益比（倍）	22.59	35.24	29.19	22	132
3.4 股價（美元）	72.836	130.74	176	129.58	192.53

資料來源：摘自longforecast.com，Dow Jones Forecast，2023、2024、2025。

由表5-4可見，投資策略（investment strategy）依持股比率投資組合（portfolio）變化程度，分成兩大類。

一、投資目標

依投資績效目標可區分為以下兩種：

（一）打敗大盤：積極投資策略、消極投資策略中的買入持有法之投資目標是績效超越大盤，俗稱打敗大盤（beat the market）。

（二）跟大盤扯平：指數型基金。

二、積極投資策略

以開車來說，就是經常變換車道，以求快速些。積極投資策略（active investment strategy）經常變換持股比率、明細，美國人稱為「質向投資」（quality investment）。

三、消極投資策略

消極投資策略（passive investment strategy）分兩中類：

（一）指數複製法（indexing）：一般人、甚至連機構投資人（例如：美國加州公務人員退休基金）也很少自己採用，因為外面資產管理公司（臺灣稱為證券投資信託公司）都有發行各類指數型基金。在股市軟體中，你可自建指數，為自己量身訂做。

（二）買入持有法（buy-and-hold）：美國波克夏公司的董事長華倫・巴菲特1965～1977年便是採取此投資哲學。

四、臺灣股票型基金

以臺灣的股票型共同基金舉例，依投資人是否可向證券投資信託公司贖回基金，分成兩大類。

（一）封閉型基金（投資人不能要求投信公司贖回）

· 指數型基金200支，像臺股中證交所交易基金（ETF）裡的第一支元大卓越50（0050），便是複製指數。

· 買入持有法7支，稱為房地產基金（REITs），旗下的房地產從頭到尾不變，賣出一樓商辦大樓，基金大抵清算。

（二）開放型基金（可以贖回）170支

· 積極投資策略，有162支；七成打敗大盤，有三成被大盤打敗。
· 買入持有法，俗稱價值投資型基金（value fund），有8支。

表5-4　投資策略分類

大分類	消極投資策略		積極投資
二中類	（一）指數複製法	（二）買入持有法	
一、定義			
1. 持股比率	100%	80%	70～90%
2. 持股明細	一季變動一次，隨大盤調整	當個股股價低於內在價值時出售	攻擊性持股1～2個換1次 基本持股6～12個換1次 核心持股1年以上換1次
二、股票型基金			
1. 封閉型基金200支	1. 證券交易所交易基金（ETF） 2. 指數投資證券（ETN）	1. 其他 2. 受益證券（房地產基金REITs）7支	90%
2. 開放型基金170支	—	價值型基金（value fund）8支	162支

圖5-1　股票投資期間與持股比率

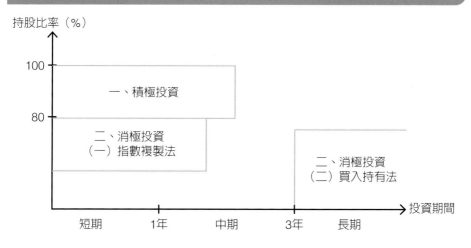

技術、基本分析與投資策略

投資分析兩大類方法跟投資策略兩大類不見得是一一對應，本單元以兩個圖說明。

一、孫子兵法

《孫子兵法》中有一句：「（朝廷針對作戰之前）多算勝，少算不勝，而況於無算乎！」這句話用在今天，便是指在做「股票投資」分析、決策時，所根據的資訊含量是否充足，否則掛一漏萬，那就要大輸！

二、股票分析兩大類方法的資訊含量

表5-5以兩個因素來衡量分析方法的「資訊含量」（information content）：

‧地理範圍：全球（主要是美國）占80～100%。

‧時間：預測占60%以上，歷史（技術分析）占20分以下。

（一）基本分析，資訊含量50%以上，分為兩中類

‧由上往下方式，資訊含量100%：由上到下方式，考慮全球經濟因素未來包括二個（以上）成長率，再細推到產業、公司分析，這也是一般全球企業擬定五年經營計畫、一年事業計畫的方式，花千金（分析）就是為了「早知道」。

‧由下方式，資訊含量40%：這類分析含金量也低，只看上市公司內在價值是否高過股價，但忽略了「覆巢之下無完卵」。

（二）技術分析，資訊含量20%以下

由表5-5可見，技術分析只用股市昨日與今日的成交價量資料，可說是「短視」。

三、投資分析方式與投資策略

由圖5-1可見：

‧X軸：投資期間分成短（1年以內）、中（1～3年）、長（3年以上）期共三期。

‧Y軸：持股比率的變動幅度。

（一）積極投資策略

各股投資期間較短，而且持股明細大抵「大同小異」。

（二）消極投資策略

· 指數複製法：持股每季小幅調整，以臺股前十大市值股票來說，其權重比率會變動。

· 買入持有法：持股逾八成在三年以上，持股明細比率大致不動。

資訊含量	二類分析	機構	說明
100%	一、基本分析 （一）全球 1.1 總體經濟成長率	1. 世界銀行 2. 國際貨幣基金 3. Statista	全球二十大國經濟成長率 — 2023～2030
	1.2 美國利率	美國芝加哥商品交易所（ME）旗下Fed Watch	聯邦準備理事會（FED）之利率政策中的聯邦基金利率
	1.3 產業分析	國際數據資訊公司（IDC）	針對4C產業有權威性的歷史、預測資料
80%	（二）區域	經濟合作與發展組織（OECD）	針對歐美亞（日韓）35國有10個經濟指標
60%	（三）一國 3.1經濟成長率 3.2金融：利率 3.3產業分析 3.4公司分析	國家統計局 中央銀行 市調機構 證券公司	今、明兩年經濟成長率 — 2024～2028年產業分析 2024～2024年台積電分析
20%以下	二、技術分析 1. 半年線上 2. 月線以上	證券投信公司 證券公司	波浪理論 KD等技術指標黃金、死亡交叉
10% 10%以下	3. 微結構 4. 週線	— 證券投顧公司	開盤八法看當日大盤漲跌 週日漲跌看未來五天漲跌

表5-5　兩類分析的資訊含量

®伍忠賢，2023年5月20日。

技術分析導入：型態

美國紐約股市有許多名言，其中之一是「逆勢操作是失敗的開始」，即多頭市場時要作多，空頭市場時宜減低持股，伺機進場。這個「勢」（trend），指的便是技術分析1897～1933年導入期的研究，本單元說明。

一、基本假設

古代透過觀星以預測氣候、日食、月食，甚至演化為人的星座，去預測天命運勢。中國的八字、紫微斗數，則是以過去的大數法則，得到某個八字的運勢。

（一）技術分析是股市算命

既然八字算命可說是人類運勢的統計學運用，那麼用股市（大盤、類股指數或個股）成交價、成交量等資料，歸納出買進、賣出原則，這可說是替大盤、個股「算命」。

（二）技術分析重在掌握多空走勢

技術分析裡的型態學，最根本的邏輯在於「歷史總是重複出現」，辨識股價的型態，就是最好、最簡單的工具。對初學者來說，常會覺得沒有一個股價圖是相同的，不過，如同奧地利心理學者雷克（Theodor Reik, 1888～1969）所說：「歷史從不重複，卻常見相同的底蘊（History never repeats itself, but it often rhymes.）。」股價的走勢不會完全相同，但常會出現特定型態，只要掌握股價基本底蘊，就可以大抵預測大方向。

二、技術分析導入期的研究：型態

套用時間序列（time series）的四個時間性質：趨勢（trend）指3年以上；循環（cycle）指1～3年；季節性（seasonality）指1年四季；波動（movement）指一季之內。最常見的「型態」（pattern logy）便是趨勢、循環，這可說是最顯而易見的，尤其是加權指數，因為大部分國家的股市指數都呈現「向上」趨勢（中國大陸例外），加上在上升趨勢下「起伏」（俗稱循環）。

由表5-6可見，股價指數、股價「趨勢加上循環」型態的發現，分成四階段，越來越成熟，用得較廣的還是艾略特的波浪理論（詳見Unit5-7），道氏理論是其雛形，可略而不看，葛蘭碧的八大法則，則只是錦上添花。

三、嚴重缺點

我每天晚上幾乎都看57臺（東森財經）、58臺（非凡），看一些證券分析師大談某些股票的技術分析型態。

（一）缺乏基本面的波浪理論

把一支股票的日、月線秀出，然後大談其股價趨勢，卻忽略這只是純主力炒作，完全沒有基本面（營收、淨利）。如2021年倫飛（2364）從18.8元硬拉到8月31日的152元，之後便下跌。

（二）事後聰明

巴菲特說：「技術分析就像看後照鏡往前開車一樣。」他主張要往前看，許多證券分析師大都是事後諸葛，大談股市已呈現M型頭或W底，但是要他（她）們針對指數預測3～6個月，則惜字如金。技術分析準的話，誰會賠錢？

表5-6　技術分析中股市「趨勢」（型態）之發展

技術擴散	導入期	成長期	成長末期	成熟期
時	1688年	1897～1902年	1933年	1963年起
地	荷蘭阿姆斯特丹	美國證交所	同左	同左
人	維加（Joseph de la Vega, 1650～1692），鑽石商人	道（Charles Dow, 1851～1902），《華爾街日報》記者	艾略特（Ralph N. Elliott, 1871～1948），大公司會計主管	葛蘭碧（或葛蘭維爾，Joseph E. Granville, 1923～2013），作家等
研究期間	—	—	1855～1930年	
書籍	《混亂的混亂》（Confusion of Confusion），西班牙文	他沒寫書，道氏理論是後人從其255篇文章中整理出來的	《波浪原則》（The Wave Principle）	1. Granville's New Strategy of Daily Stock 2. Market Timing for Maximum Profit
主張	股票價格走勢有一些型態	上漲5波，下跌3波，俗稱道氏理論（Dow Theory）	上漲5波12345，下跌3波ABC艾略特靈感來源有： 1. 道氏理論 2. 潮汐帶來海流	1. 同左 2. 加上量先價行（On-balance Volume, OBU） 3. 移動平均線 俗稱葛蘭碧八大法則（The Granville 8 Rules）

5-7 波浪理論

經濟有「復甦－繁榮－衰退－蕭條」的景氣循環，反映著企業的一窩蜂投資等結果。同樣的，股票技術分析中的波浪理論，便可說是股市的「景氣循環」。

套用算命中的「一命二運」來比喻，波浪理論即是把股市的多頭、空頭，依「多頭4年、空頭1年」予以歸納。

一、多頭至少5年vs.空頭17個月

股票上漲趨勢，上海話稱為「多頭」（up trend），美國人稱為「牛市」（bull market），股市如同公牛般有勁。依「波浪理論」（Wave Principle），股市多頭5波中，有1波（初升段）、3波（主升段）、5波（末升段）為上漲段，2、4波為回檔（或稱為修正段），投資人宜乘「漲多回檔」休息時買進。末升段往往來得既猛且凶，之後便漲多而下跌，所以又稱為「邪惡」第五波。

二、美股多頭

我們看過許多美國股市多頭、空頭期間有多長的統計，我不打算這麼做，因為時代是進步的，會有結構性變化。我們以最近一次股市循環為例去分析；以圖5-2A標普500指數為例，2010～2021年共12年，視為多頭5波。

（一）初升段（第1波，Wave 1），**2010～2014年，5年**

漲幅81.73%，平均1年漲16.35%。

（二）修正段（第2波，Wave 2），**2015年**

漲多了，本益比倍數過高，有人擔心股價太高，高價售股，股價指數便跌了。

（三）主升段（第3波，Wave 3），**2016～2017年**

2年指數漲26.639%，平均1年漲13.82%。

（四）修正段（第4波，Wave 4），**2018年**

指數跌6.24%，本益比24.97倍，投資人如履薄冰。

（五）末升段（第5波，Wave 5），**2019～2021年**

2019～2021年3年漲107%，平均1年漲35.67%，2022年本益比35.96%，股價炒太高了，只好以重挫收場。

三、臺股多頭：複製美股

臺股可說是美股的「影子」，幾乎復刻。

圖5-2A　美國標普500指數多頭5波

期間	5年	1年	2年	1年	3年	1年
漲跌幅（%）	81.73	-0.73	26.639	-6.24	107	-19.44

圖5-2B　美國道瓊指數多頭5波

期間	5年	1年	2年	1年	3年	1年
漲跌幅（%）	13.2	-10.27	28	-8.8	80	-21.8

2021.12～2022.10臺股空頭走勢 ABC三波——兼論台積電股價走勢

2021年12月，美股下跌（詳見圖5-2A）拖累全球股市，臺股加權指數本益比14.94倍，低於10年平均值，但仍擋不住美股重挫，加權指數11個月內走完A、B、C三波〔又稱調整波（corrective waves）〕。

　·A波〔主跌波（sharp drog wave或Wave A）〕：2021年12月18,219點下跌至2022年6月14,826點，跌幅18.62%。

　·B波〔反彈波（rebound wave或Wave B）〕：2022年6~8月，跌深反彈，由2022年6月14,826點反彈至2022年8月15,095點。

　·C波〔末跌波（或Wave C）〕：2022年9月跌到10月，15,095點跌到12,950點，下跌14.21%。

　以2021年12月18,219點跌到2022年10月14,950點，共下跌28.92%。

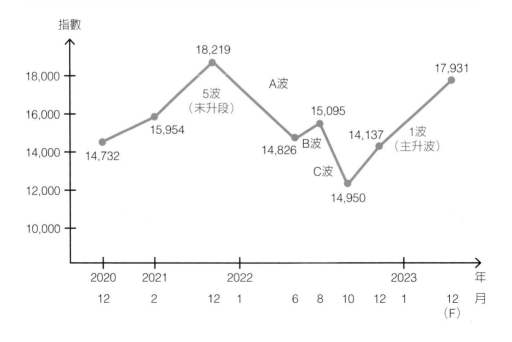

圖5-3　臺股集中市場（月底）指數下跌3波

圖5-4　臺股集中市場本益比

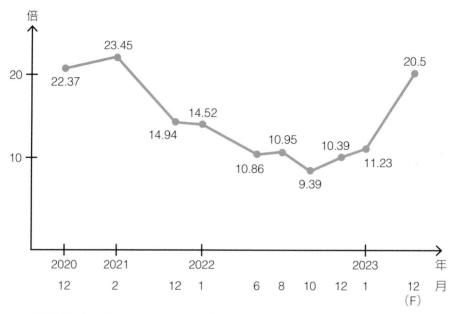

資料來源：整理自玩股網（wantgoo.com），2023年12月。

2021年12月～2022年10月，台積電空頭A、B、C三波。

由此可見，台股權值王台積電被大盤拖累，因體質佳，股價多撐了1個月。2022年1月下跌，空頭A、B、C三波走勢如下。

・A波（主跌波）：2022年1月636元跌到6月476元，跌幅25.16%。

・B波（反彈波）：6月476元反彈到8月505元，上漲6.1%。

・C波（末跌段）：8月505元跌至10月390元，下跌22.77%。

以2022年1月636元跌到2022年10月390元來計算，空頭跌幅38.68%。以本益比來說，從28.78倍跌到13.11倍，下跌了54.45%，可說是崩盤。

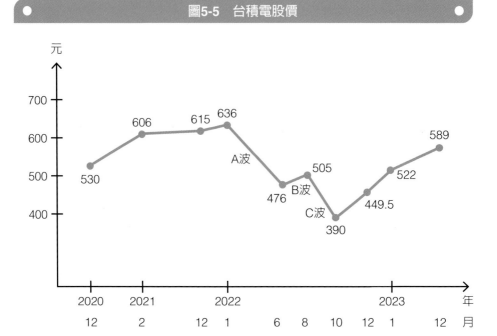

圖5-5 台積電股價

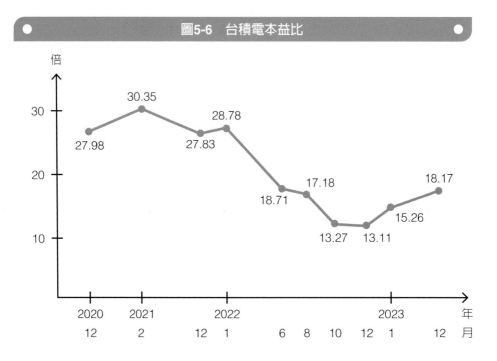

圖5-6 台積電本益比

線圖型態

　　線圖中最難的是K線，名詞超多，例如：上影線、下影線，比較適合逐日操作的極短線投資人。預測每天的天氣很難，但預測冷鋒、海浪相對容易。第四臺中的東森財經（57臺）、非凡新聞（58臺），常請技術分析人員解釋各種指數。

一、股市線圖

　　指數、個股的線圖比較像海浪、寒流，呈現一定形狀，較好預測。當然，難免會有小誤差，但颱風走向與雨量更難預測；同樣的，股市也有不照線圖發展的情況。

二、上檔壓力、下檔支撐

　　「橫看成嶺側成峰」、「漸漸成形」，這些可說是對線型的生活化描述。由K線的外型來預測其中線圖趨勢，常見的有上升型態、下跌型態、支撐三種。

（一）上升型態

　　1. 上升趨勢：以上升趨勢線來說，便是取K線上「取樣期間」（例如：3個月）的波勢低點連結，而成為上升趨勢線。往上可作為上檔的預測值，而此線則具有（心理上）的支撐作用，一旦有效跌破此線，則線圖稱為「由多翻空」。

　　2. 打底完成：在空頭谷底或盤整時，要是出現W底型態，且第2支腳低點比第1支腳高，此時可說「打底完成」，為即將「一翻沖天」的「翻空為多」。要是打底拖得久，可能會出現第3支腳，或是雙重底（2個W）。

　　3. 上升旗型：跟一個三角形旗幟一樣，由左到右往上飄揚。

　　4. 噴出行情：像火山噴發一樣，單日漲幅超過4%。

　　前述各種情況，當然也有量的配合，以符合價量配合原則。

（二）下跌型態

　　下降趨勢線圖可說是上升趨勢線圖的倒影，不用贅述。跟雙重底一樣，M頭（外型像英文字母M）也可衍生雙尊頭（2個M）。

（三）支撐

　　常見的支撐圖形為頸線，從M頭也可畫出頸線。

三、戲法人人會變，巧妙各有不同

線圖舉例說明易如反掌，而且看起來很漂亮，講起來頭頭是道，但有二個問題：

1. 很少人去做機率分配統計，更不要說驗證。

2. 大多是事後諸葛，有先見之明者不多見。

四、最大風險

美國加州柏克萊大學創新金融技術中心（CIFT）創始人萊恩韋伯說：「如果研究夠多資料，會發現許多雷同的走勢圖，很像在雲朵裡找尋兔子一樣，如果很認真找，遲早會找到形狀很像兔子的雲朵，只是風一吹就消散，並不是真實的。」（《經濟日報》，2013年12月8日，A8版，季晶晶）

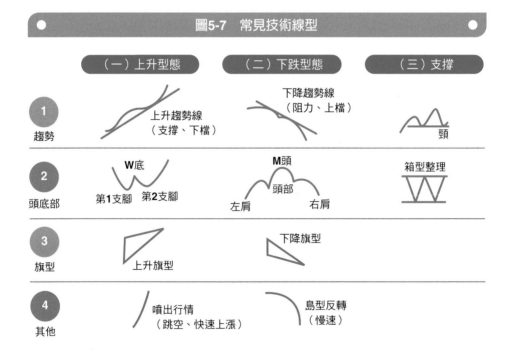

圖5-7 常見技術線型

（一）上升型態　（二）下跌型態　（三）支撐

1 趨勢
上升趨勢線（支撐、下檔）
下降趨勢線（阻力、上檔）
頭

2 頭底部
W底　第1支腳　第2支腳
M頭　頭部　左肩　右肩
箱型整理

3 旗型
上升旗型
下降旗型

4 其他
噴出行情（跳空、快速上漲）
島型反轉（慢速）

5-10 以年線為操作準則

日線跟平均線這兩條線有黃金、死亡交叉，一般死亡交叉都是賣訊，但以均線來說，指數跌到某年期均線，便可能有支撐而跌不下去。一旦跌破，也往往是「假」跌破，隨即會「跌深反彈」，投資人便有個底了。

一、均線的意義

股市中的線圖，常依取樣期間長短而命名。像5日（股價）移動平均（Moving Average, MA，少數稱為Simple MA, SMA）簡稱5日均線，在線圖上標示5日MA，其餘同理可推。

· 極短線：日線，如5日（週）均線。

· 短線：20日（月）線、60日（季）線。

· 中線：120日（半年）線、240日（年）線。

· 長線：1年以上。

「年線」便是採取移動平均的觀念，把昨日以前240個營業日的收盤指數（或個股股價）取平均值。假設有個人每天都在收盤價買股，一旦日線跌破年線，這代表過去一年平均買股的投資人全賠！就跟所有技術指標一樣，取樣時間太短（例如：5日），則指標很敏感，拖太長則越遲鈍。以跌破10年線來說，4年才出現一次，可說是可遇不可求。一般皆以季線、半年線、年線為三個決策點。

二、1、3、5與10年線的四道防線

年度均線會成為股市的支撐，原因有二，詳見表5-7。

（一）有持股的投資人：有些法人為了帳面上好看一些，因此在大盤跌破年線時，會進場買股，採攤平方式，以降低持股成本，好讓先前高檔買進的股票少虧一些。

（二）逢低買進的人進場：跌破年線的機會不高，指數會看起來低一些，許多之前嫌指數太高而沒進場的投資人，此時會覺得機不可失，爭先恐後進場，指數因此就「跌深反彈」（rebound）了。

三、以10年線為例

以10年線為中線，跌破10年線逢低買進、逢高賣出，這種機械式操作，最適合初入門或沒空看盤的長線投資人。以股市泡沫破裂而跌破10年線來說，往往重挫而成V型反轉，詳見圖5-8。

表5-7　日線跌破4個年線的含義

說明	1年線	3年線	5年線	10年線
一、下跌幅度	20%	30%	40%	50%以上
二、下跌原因	基本面：經濟不振、衰退	基面：經濟蕭條	股災	股市泡沫破裂，股市崩盤
三、下跌頻率	2年一次，空頭達9～12個月	以2年線為例，2008年6月及2011年8月，大盤跌破2年線且無法反彈後，指數後來分別大跌至3,955點和6,609點，中長期趨勢轉空	5年一次	10年一次2000年3月美股泡沫破裂，臺股10,393點跌到3,411點，跌70%2007～2009年4月，9,309跌到3,955點，跌57%

圖5-8　臺股大盤6次跌破10年線

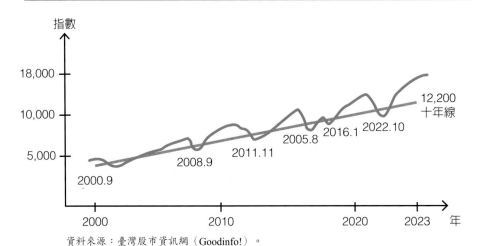

資料來源：臺灣股市資訊網（Goodinfo!）。

5-11 黃金交叉與死亡交叉

一、黃金交叉與死亡交叉的普遍含義

　　黃金交叉（golden cross）跟死亡交叉（death cross）是個慣用名詞，例如：某位政治人物的歷月討厭程度（50分）超越喜好程度（49分），此時稱為「死亡交叉」，可能仇（或厭）恨值太高。

二、（股票）投資的黃金與死亡交叉

　　運用於股票投資的黃金、死亡交叉常見層面有二：

（一）總體經濟：金融面

　　一般以狹義貨幣總數（M1b）跟廣義貨幣總數（M2）兩條月成長率曲線來看，M1b成長率曲線是快速線，M2成長率曲線是慢速線。

（二）股市技術指標（例如：5、10日KD）皆可用

三、股票市場：美國標普500指數

　　美國人主要以標普500指數50、200日均值來分析，黃金交叉是買進訊號，死亡交叉是賣出訊號。

　　（一）表5-8：表5-8很清楚的寫出2020年7月10日的黃金交叉和2022年3月14日的死亡交叉，包括指數與詮釋。所有「交叉」（cross）都是落後指標，表示多空已確立。當然，一般人都會在「交叉」日之前預測，預計大約何時會出現交叉，先搶一些時間。

　　（二）圖5-9：圖5-9的「黃金交叉」50日均線（快速線）由下往上穿越200日均線（慢速線）。2022年3月14日死亡交叉，50日線往下攙破200日均線，可見跌勢甚強。

表5-8　黃金與死亡交叉的投資含義

中文	黃金交叉	死亡交叉
英文	（golden cross）	（death cross）
一、投資含義	買進訊號 多頭確立 2020.7.10	賣出訊號 空頭確立 2022.3.14
二、時		
200日均線	—	4,467
50日均線	—	4,465
日線	—	4,173
三、詮釋	2019年7月12日指數3,013點，首次突破3,000點 黃金交叉落後1年	高點在2021年12月28日的4,786點，即死亡交叉，落後高點2個半月

圖5-9　黃金與死亡交叉：美國標普500指數

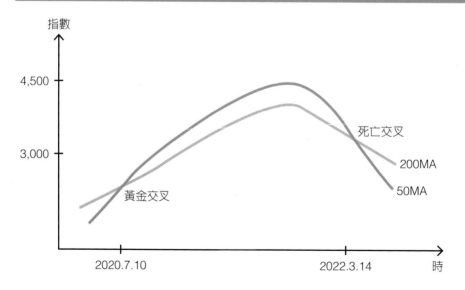

Chapter 6

基本面分析：由下的價值投資法──美國波克夏公司三階段投資哲學

基本分析兩中類

本章第一個單元先拉個近景，說明基本分析兩中類方法的歷史沿革。本章其他單元則拉個特寫，以美國波克夏‧海瑟威公司說明董事長華倫‧巴菲特的二階段基本分析方法之演進：1965～1977年由下（from bottom或from down）、1978年起「由上到下」（from top to bottom）方式。

一、1909年起，基本分析兩中類的由下方式

1909年起，美國國會通過《公司所得稅法》（Corporate Income Tax Law），財務報表必須經過會計師簽證才能向國稅局申報。從此以後，股票投資人才有比較可靠的公司財報可進行公司分析。

這種只看公司股價值不值得投資的分析方法，稱為「由下」（from bottom approach），但一般為了跟「由上往下分析」的方法對稱，稱為「由下往上分析」（from bottom to top approach），嚴格來說是不通的。

在表6-1中，價值投資法的二位大師葛拉漢和多德在1934年出書，但他們比較偏重把1920年代以來價值投資的報刊做整理，再加上自己的經驗。當然，暢銷觀念會更普及。

基本上，他們投資是很保守的，簡單的說，股價（例如：8美元）要低於每股內在價值（intrinsic value，例如：每股重置成本12美元）三成以上，才進場撿便宜貨。這種機會不常有，所以平時需努力做功課（例如：去查某公司房地產現值、機器的新購入價格）。

二、1942年起，基本分析兩中類的由上到下方式

美國沒有國家統計局，各種公務統計由幾個部門陸續發布。

（一）總體經濟

1912年起，勞工部統計局公布失業率，1921年公布消費者物價指數，1942年起，美國商務部開始編製國民所得會計帳，才陸續有「國內生產毛額」、經濟成長率。

（二）基本分析方式

此分析方式為「大－中－小」（總經－產業經濟－公司），稱為「由上往下」（from top to down approach）。

表6-1　（股票）基本分析兩中類方式

1909年起	1942年起
由下方式	由上到下方式
又稱被動投資管理（passive investing）	又稱積極投資方式（active investing）
1. 持股比率：可以很高	1. 持股比率：多頭市場時，高持股比率80%，空頭時40%以下
2. 產業：可以集中，對所投資公司有信心	2. 產業分散：非常需要
3. 換股操作：除非行業、公司出問題	3. 換股操作：依行業生命週期
一、1934年 1. 人：葛拉漢（Benjamin Graham, 1874～1976）和大衛‧多德（David Dodd, 1895～1988） 2. 事：在《有價證券分析》（Security Analysis）一書中提出股票「基本面分析」 葛拉漢有價值投資之父的稱號，他說：「投資有兩個法則，第一是不要賠錢；第二是不要忘記第一個原則。」	由大到小分三步驟： 一、經濟分析（economic analysis） （一）總體經濟分析 　　1. 實體經濟面： 　　　‧經濟成長率、物價上漲率、失業率 　　2. 金融面： 　　　‧利率、匯率 　　　‧資金行情（liquidity-driven rally） （二）個體經濟分析
二、1934年 偏重價值投資（value investing） 1. 安全邊際（margin of safety） 　舉例：一家公司每股重置成本12美元，若用8美元買進，則有33%的安全邊際 2. 內在價值（intrinsic value）	二、產（行）業分析（industry analysis或sector analysis） 三、公司分析（company analysis） 　1. 公司前景、經營者分析 　2. 財務報表分析（財務比率）

基本分析量表——全球電動汽車業的運用

在篇幅有限的情況下，上上策是以基本分析量表來衡量全球電動汽車前三強的得分，至於細項說明，請看拙著電子專書。

一、機會

（一）問題：作文比賽。絕大部分企管書、網路上文章都是作文比賽，並不實用。

（二）解決之道：量表。在我23年的全職大學任教期間，教「產業分析」課程約10年，發展出基本分析量表，學生期中報告需挑一個產業的兩家公司，依表6-2架構「全景」，再拉個「近景」，最後拉個「特寫」，至少八頁，學以致用，沒有抄襲機會。

二、產業分析量表

伍忠賢（2021）產業分析量表（industrial analysis scale）分成總體、個體環境兩部分，各占50%。

（一）架構：由表6-2第一欄可見包括產業分析中兩大類：總體、個體環境分析；個體環境分析再分成兩中類：產業、公司分析；其中公司分析（company analysis）占20%，分三小項：五年事業計畫、經營者（主要是董事長）與本益比（每股淨利）。

（二）比重（50：30：20）：以一支基金的報酬率來說，50%來自「順勢而為」的總體環境分析，30%來自挑對產業的產業分析；20%來自挑選公司的公司分析，挑公司比較容易，挑該行業的龍頭公司即可。

三、以全球電動汽車業為例

（一）2022年全球「電動」（純電動加上插電式）汽車銷量：全球銷量1,010萬輛，成長率68%、滲透率14%；2023年1,280萬輛；滲透率16.3%以上，由導入期進入成長期。

（二）中國大陸占60%：在產銷方面，中國大陸公司占全球60%以上

（三）中企比亞迪：2023年，中企比亞迪交新能源汽車302萬輛（其中電動汽車91萬輛、插電式85萬輛），超越特斯拉182萬輛，至此成為全球新能源汽車新霸主。

四、2026年全球電動汽車第一名可能是日本豐田汽車

中國大陸新能源汽車是政府砸大錢，起步早（2009年起）且想彎道超車，一旦汽車強國（德、日、美）加入戰局，憑藉著政治／法律，必能占上風。2022年起，美國的《降低物價法》（Inflation-reduction Act）補貼車主買電動汽車，廣設充電站，這在美國境內的汽車公司（含美國豐田）都享受得到。在公司分析2.1「五年事業計畫」中，2023年4月，日本豐田總裁由凌志子公司汽車總裁佐藤恆志升任，他有汽車專長、有企圖，得分高。

表6-2　2023年全球電動汽車業基本分析量表：中美日三強比較

大分類	中／小分類	%	1	5	10	中國／比亞迪	美國／特斯拉	日本／豐田
一、總體環境占50%	（一）政治／法律							
	1.1 購買補貼率	10	0	20	40	1	5	5
	1.2 燃油引擎汽車停售	10	—	2040年	2035年	1	5	10
	（二）經濟／人口							
	2.1 經濟成長率	10	0	3.5	5	5	5	5
	2.2 利率（%）	10	8	3	1	4	5	5
	人口成長率	0	-0.5	0	0.5	1	3	3
	（三）社會／文化							
	（四）科技／環境							
	4.1 汽車電池成本每年下降率	10	0	10	20	7	8	7
二、個體環境占50%	（一）產業分析占30%							
	1.1（家庭）普及率	10	80	50	10	5	7	7
	1.2 供應鏈充足率（以晶片為例）	10	60	100	150	5	7	7
	1.3 市場結構	10	0	30	獨占	2	3	7
	（二）公司分析占20%							
	2.1 五年事業計畫	5	1年	5年	7年	3	4	5
	2.2 經營者能力	5	1	3	5	3	4	4
	2.3 公司每股淨利（不考慮買回庫藏股）（美元）	10	1	10	20	3	2	7
	小計	—	—	—	—	42	58	72

®伍忠賢，2023年1月22日。欄位中數字未特別標明者為百分比。

6-3 圖解波克夏公司三階段投資哲學

1930年次的美國股神華倫‧巴菲特，1964年收購海瑟威‧波克夏公司後已60年。如同西班牙畫家畢卡索一樣，畫風至少分三階段，巴菲特的投資哲學也分三期，這是本書的獨特發現，背後的原因在於「窮則變，變則通，通則久」。

一、基本分析

（一）兩大類之一：由下（from bottom）

由圖6-1的X軸可見，採取「由下」方式，即只看公司的股價低於每股重置成本（詳見Unit6-4）。只要投資時間夠長，即「買入持有法」，終有一天，股票市場投資人會發現公司「內在價值」（intrinsic value），會還公司股價一個公道。因此，「由下」的方法只需做公司分析之中的財務報表分析，只占基本分析10%（詳見Unit6-1），可說是相當粗淺的分析功力。

（二）兩大類之二：由上到下（from top to bottom）

1978年起，巴菲特撿便宜貨那招不管用，只好延攬好友查理‧蒙格（Charles T. Munger, 1924～）擔任副董事長，由圖6-1提及的Y軸可見，此階段的投資方式已改為基本分析中兩大類的由上到下，但只做半套，即占50%的總體分析部分沒做，只做個體分析，占30%的產業分析、20%的公司分析。

兩人的共同點仍是「風險管理」，即Unit6-1中表6-1提及的「第一法則是不要賠錢」，所以兩人花了許多時間去了解一般投資人賠錢的原因〔主要是無知，不懂某股票的產業（科技）、公司面〕。

（三）兩階段的共同點

這兩階段的共同點都是沒做基本分析中的總體分析，即忽略趨勢、循環；但只要持股期間夠長（例如：10年），終會有「守得雲開見月來」的一天。

二、投資績效

套用股票型基金為例，波克夏公司投資報酬率想打敗大盤（道瓊、標普500指數），由圖6-1可見，波克夏公司二階段股價、標普500指數變動率（不考慮除息）。

（一）相對：跟標普500指數比較。由圖6-1可見，只有2011～2020年雙方打成平手，其餘時期波克夏公司勝。

　　（二）絕對：40年（1981～2020年）股價平均變動率21.15%，此數字是外界經常引用的波克夏公司股價變動率，有「成長型基金」的味道。

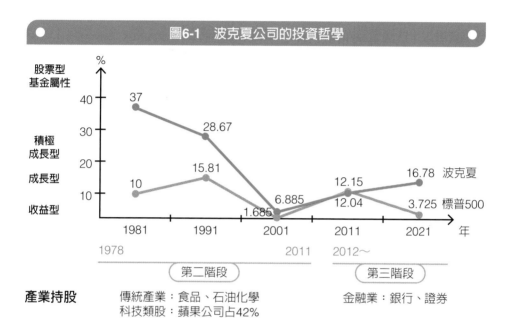

圖6-1　波克夏公司的投資哲學

| 產業持股 | 傳統產業：食品、石油化學
科技類股：蘋果公司占42% | 金融業：銀行、證券 |

1　蒙格的主張──要有多元思維方式

要有多門學門的知識，且需有一些架構來融會，藉以進行商業投資決策。例如：2008年投資中企比亞迪，好的投資機會有限，所以需具備很高的耐性和決心，當機會來臨，並且十分有把握時，狠狠下注。

2　巴菲特的評語

查理拓展了我的視野，這讓我以超常的速度從猩猩進化到人類，沒有查理，我不會有今天的財富。

第一階段投資哲學價值投資法的著名公式——托賓Q

　　價值投資（value investment）通俗的說法便是「撿便宜貨」，但是這需要慧眼獨具，根據專業分析了解哪些股票的股價被低估了，在經濟學中，稱為1969年「托賓Q」（Tobin's Q）。

一、有關托賓

　　讀過經濟學的人，大都會記得凱恩斯學派主要位於美國東岸，主要是麻州理工大學薩繆遜（1970年諾貝爾經濟學獎得主）、耶魯大學托賓（1981年諾貝爾經濟學獎得主）、普林斯頓大學克魯曼（2008年諾貝爾經濟學獎得主）。

二、有關托賓Q

　　托賓「Q」這個Q（quotient），是數學中兩數相除的結果，稱為商數，生活中常見的有智力商數（IQ）、情緒商數（EQ），甚至有逆境商數、管理商數。由此可見，托賓Q可譯為「托賓商數」。

　　原始的托賓Q是用於解釋大一經濟學中公司的設廠投資，一旦股價大於每股新設廠成本（即機器的重置成本），公司覺得「產出投入比」大於1且有賺頭，自然樂於投資；這個說法原本是用於解釋總體經濟。

三、價值投資法的忠實實踐者：巴菲特

　　價值投資法不是托賓發明的，不過，因為托賓是諾貝爾經濟學獎得主，而且知名度高，再加上許多論文驗證各國各行業的托賓Q。

　　美國股神巴菲特是價值投資法最有名的實踐者，1973年代，最有名的投資例子是以1,100萬美元買下《華盛頓郵報》25%股權（170萬股），巴菲特認為重新買印刷機的成本很高，即重置成本高於股價，也就是股價低估，大可撿便宜貨。迄2014年約值10.1億美元，報酬率9,080%。

四、價值投資的極致：危機入市

　　價值投資的極致便是危機入市，華爾街名言：「掉下來的刀子不要接。」因為不知道何時會落底。但巴菲特可說是「膽識過人」，在2008年9月金融海嘯時，透過波克夏公司等借錢給高盛證券等，2011年大賺一筆。

巴菲特致富可歸納為3點：

· 慧眼：能見人所未見。

· 膽識：能「千山我獨行」。

· 耐性：買對股票就賺十年的錢。

托賓（James Tobin）小檔案

出生：1918～2002年，美國伊利諾州
經歷：耶魯大學經濟系教授
學歷：美國哈佛大學經濟博士
榮譽：1981年諾貝爾經濟學獎得主

圖6-2　托賓Q的意義與實例

托賓Q（Tobin's Q）＝ $\dfrac{股價}{每股重置成本}$ ＞1，公司會進行投資

舉例說明

以資產類股為例＝ $\dfrac{股價}{每股淨值}$ ＞1，

含義：「投資人宜趁股價低估時買進該股。」

美國Q比率走勢

從歷史軌跡來看，在1990年代之前「Q比率」從未超過1。2000年後約在1.04～1.64倍，即超過1.64倍，股價高估。

要準確計算「重置成本」非常困難，因此很少人用Q比率來評估個別股票的價格。在全股市層面，美國聯準會估算金融業以外上市公司的資產重置價值，計算托賓Q比率一般常用的是投資百科（Investopedia）。

美國Q比率走勢

資料來源：美國投資百科（Investopedia）。

1954～1977年第一階段投資哲學
──說明葛拉漢「價值投資」的重要性

　　一般人從學校畢業後出來上班，大都是把老師教的拿出來用。巴菲特也一樣，由表6-3A可見，他是價值投資之父葛拉漢的忠實粉絲。

一、價值投資之父

　　美國人把葛拉漢（Benjamin Graham）稱為「價值投資之父」，其低價買進普通公司股票等原則，稱為葛拉漢原則（Graham Principle）。葛拉漢說：「你買的不是股票，你買的是企業。」（I buy a business, not a stock. Investors are businessmen buying pieces of businesses, not traders buying stocks.）

二、巴菲特到葛拉漢公司上班

　　1951年，巴菲特申請哈佛大學商學碩士班遭拒，因葛拉漢在紐約市哥倫比亞大學商學院任教而至該校唸經濟碩士。上過葛拉漢的課，葛拉漢給他A+分數，聽說是唯一。由表6-3A可見，畢業後，巴菲特設法去葛拉漢的公司上班。

三、投資致富不需要具備愛因斯坦智商

　　1988年4月11日，《財富》雜誌編輯訪問巴菲特，他說：「我們所做的事並沒有超出任何人的能力，我對管理投資的方式也一樣，不一定要做非凡的事才有非凡的成果。」這句話有個通俗版：「要像我這麼富有，不需要有愛因斯坦的智商（162）。」「你不需要是火箭科學家，投資不是智商160（註：愛因斯坦）的人就會贏過智商130的人，能理性才是最重要的。」

四、公司分析三之三：財務報表分析

　　公司分析有三項：五年經營計畫、經營者分析和財務報表分析，表6-3B是巴菲特針對財報分析重要性的看法。

巴菲特向來主張營業淨利更能反映波克夏公司獲利表現，淨利包括營業外收入，這因會計規定須計入營業外收支，而波克夏投資組合龐大，未實現的單季投資利得或虧損波動甚大。

表6-3A　巴菲特向葛拉漢學習價值投資

時	事
1949年左右 （19歲）	在内布拉斯加大學林肯分校唸企管學士時，讀了葛拉漢的書《智慧型投資人》（The intelligent investors），奠定他在投資方面的基礎知識。
1950年 （20歲）	他知道葛拉漢在哥倫比亞大學商學院任教，於是到該校唸經濟碩士班，在證券分析這門課，葛拉漢給巴菲特A+，這很罕見。
1951～ 1953年	他想進入葛拉漢共同創辦的投資公司葛拉漢／紐曼（Graham／Newman）上班，但沒被錄取。
1954年	葛拉漢／紐曼公司錄用巴菲特。
1956年	葛拉漢退休，並且結束公司。 巴菲特手上持有17.4萬美元，他成立巴菲特聯合公司（Buffet Associated Ltd.）。

表6-3B　巴菲特對公司財務報表分析的看法

時	1994年5月	1996年1／2月
地	美國紐約州紐約市	美國華盛頓州西雅圖市
人	華倫·巴菲特	比爾·蓋茲（微軟公司創辦人），且是巴菲特好友
事	在哥倫比亞商學院演講中，學生提問：「我想把投資當成事業，現在該如何準備？」 巴菲特回答：「你必須每天閱讀約500頁的公司財務報表，知識會慢慢累積，就像複利一般，知識會產生效果。每個人都做得到，但真正能做到的很少。」	1. 看公司策略 　Buffet looks at how the company has progressed and what its strategy is. 2. 看年報 　Buffet reads all of company annual reports going back as far as he can.

1978～2010年第二階段投資哲學I
──挑產業

俚語說：「外來（指印度）的和尚會念經。」巴菲特的「價值投資法」在1970年代逐漸遭遇窘境，他的解決之道是延聘老友查理‧蒙格到波克夏公司擔任副董事長，以提升波克夏公司的投資哲學，本單元說明此過程。

一、問題

（一）總體環境之二經濟／人口

1973年起，全球景氣不振，但物價大漲（1973～1982年美國平均漲幅8.74%），公司機器設備重置成本也大漲。套用托賓Q（股價除以每股重置成本）來說，小於1。

（二）結果

巴菲特只會一招「價值投資法」，即股價低、每股重置成本高，買進「低」股價的股票，然後以資產出售方式賺取價差。但此時幾乎所有股票都符合此特性，可挑的股票多如牛毛，以致價值投資法很難選股。

（三）1986～1987年波克夏股價績效不佳

由圖6-3B可見，1984年波克夏股價報酬率-2.67%；1985年93.7%超強；但1986年14%、1987年4.61%，連兩年不佳，可見「一招半式」已無法闖江湖。

二、解決之道

（一）1978年擔任波克夏公司副董事長

1959年，巴菲特跟蒙格因是同鎮居民，早已認識，但蒙格擁有以房地產為主的投資公司。1974～75年因第一次石油危機，美國經濟重挫（-0.5、-0.2%），蒙格的資產管理公司連虧兩年，把前十年賺的賠了一半。1975年，蒙格體會單打獨鬥前景有限，於是清算了自己的公司，把資金投入波克夏公司。1978年，為了強化波克夏公司經營團隊，延聘蒙格擔任副董事長。

（二）蒙格採取由上往下法中的產業分析

蒙格是位博學多聞的人，他主張採取由上到下法中的產業分析，由行業中挑選公司歷史悠久的龍頭股投資，不奢求股價低於每股重置成本。

巴菲特的說法如下：「用不錯的股價買下好公司的股票，比用便宜股價買下還不錯的公司股票更好。」

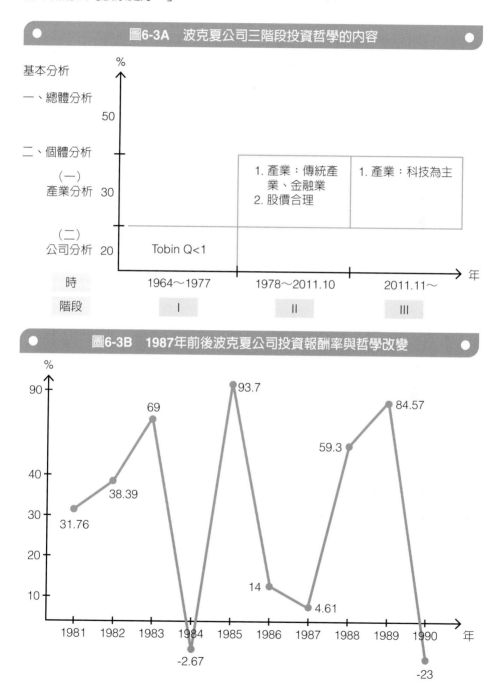

圖6-3A　波克夏公司三階段投資哲學的內容

基本分析

一、總體分析

二、個體分析

（一）
產業分析

（二）
公司分析

時	1964～1977	1978～2011.10	2011.11～
階段	I	II	III

1. 產業：傳統產業、金融業
2. 股價合理

1. 產業：科技為主

Tobin Q<1

圖6-3B　1987年前後波克夏公司投資報酬率與哲學改變

表6-4 波克夏公司加碼日本五大商社

方向	買進	變盤原因	加碼買進
時	2020年8月	2023年5月12日	2023年4月
地	美國	日本東京都	日本東京都
人	華倫‧巴菲特	武田正和，SPARX資產管理公司經理	華倫‧巴菲特
事	‧2020年8月 以65億美元購入日本五大商社（三井、伊藤忠、住友、丸紀等）的持股約6%，原因是本益比低估，最高持股目標9.9% ‧2022年10月左右，增加對五大商社持股至7%	財經網站Market Watch報導，波克夏公司挑五大商社原因： 1. 本益比日本東證指數15.72倍，比標普500指數18.56倍低 2. 五大商社（ROE）股東權益報酬率18～25%，比日本大盤的8%高很多	接受美國國家廣播公司NBC記者訪問時表示，增加對五大商社投資，持股比率增至8.4%，共投資140億美元

第二階段投資哲學II
──旗艦股可口可樂公司

1987～2010年的波克夏公司第二階段投資哲學，投資標的有許多著名公司，像可口可樂公司，本單元加以說明。在表6-5中，先說明波克夏公司投資哲學改變前後的差別。

一、1988年前後

巴菲特第一、二階段的投資哲學如下：

（一）1987年前，第一階段：表6-6第二欄是巴菲特第一階段的投資哲學，功力比較粗淺。

（二）1988年起，第二階段：由表6-6第三欄可見，這主要是副董事長蒙格對巴菲特的影響，影響項目包括表6-6第一欄第三項；這些都反映在波克夏2023年的持股明細上。

二、以投資可口可樂公司為例

（一）機會：1987年10月19日（週一），道瓊指數由2,247點重跌22.61%，高點在9月2,700點，低點在12月1,780點；1998年在2,000點附近箱型整理，引發金融市場恐慌。

（二）解決之道：由表6-6第四欄可見，波克夏公司1988～1994年持續買進可口可樂公司股票，且持股多達4億股，成為波克夏公司核心持股，而且是旗艦股。由本單元可見，可口可樂公司是波克夏公司第二大持股，占7.57%，僅次於蘋果公司41.76%。

三、事後聰明，買百事可樂更賺

由表6-5可見，長期來看，百事可樂營收、每股淨利皆優於可口可樂，主因是產品多角化，巴菲特只看到可口可樂在美國碳酸飲料市占率第一，這護城河的眼界太窄了。

表6-5 波克夏公司投資可口可樂與百事可樂獲益表

項目 ＼ 年	1987年	1988年	1994年	2022年	2023年
一、可口可樂					
營收（億美元）	76.58	83.39	161.7	430	—
股價（美元）	1.0451	1.2603	6.4628	63.1284	62.83
每股淨利（美元）	0.155	0.175	0.495	2.19	2.27
本益比（倍）	6.74	7.2	13.056	28.82	27.68
二、百事可樂					
營收（億美元）	114.9	130.1	274.7	863.9	—
股價（美元）	2.386	2.885	8.7639	179.47	191.84

表6-6 1987年起蒙格影響巴菲特的投資哲學

項目	1986年前巴菲特	1987年後巴菲特	1988～1994年投資可口可樂公司
產業分散	沒有特別準則	對有把握的投資，應擴大持股比率，長期報酬會大於分散持股	1. 1988～1989年第一批投資可口可樂公司共2,300萬股 2. 1994年第二次投資，累積約投資14億美元、4億股（其中有股票分拆）
公司股價	托賓Q＝股份／每股重置成本<1	在合理價格時買一家好公司，比用便宜價格買一家普通公司好。	When we own outstanding business with outstanding management, our favorite holding period is forever.
投資期間	長期投資	The big money is not buying or selling, but in the waiting.	以2020年來說，獲利約2000%： 1. 資本利得約1,550%（持股價值215億美元） 2. 配息約450%

第二階段投資哲學III —— 護城河理論

　　美國股神華倫‧巴菲特的投資績效，有其波克夏公司股價、報酬率可驗證，而且從1964年以來，長達60年，計算平均報酬率近20%，贏過美國的標竿指數道瓊30指數、標準普爾500指數。本單元以2013、2016年波克夏公司股東會巴菲特說法，詳下說明。

　　有獨占、寡占傾向的公司有超額淨利

項目	自然資源		規模經濟學
一、巴菲特用詞	收費站（toll booth） 偏重天然獨占		經濟上的護城河 （economic moat）
二、三級產業	一、農	二、工業	三、服務業
食	—	1. 食物：卡夫食品公司（Kraft） 2. 飲料：可口可樂	—
衣	—	1. 吉列刮鬍刀	—
住	—	公用事業（public utility） 1. 水 2. 能源（電、瓦斯、汽油）	註：蘋果公司創新科技、顧客忠誠
行	—	—	1. 通信（因為有頻寬限制） 2. 水車，有路權等
育	—	—	醫院等
樂	—	—	1. 搜尋引擎：谷歌 2. 作業系統：微軟 3. 派拉蒙全球
金融	—	—	銀行，需有政府特許執照

表6-7A　波克夏公司第二階段投資哲學

個體環境	說明	
一、產業分析	依經濟學中的市場結構,即市場組織之組成特性。	―
市場結構		
1. 獨占	1. 壟斷市場地位,市場結構屬於壟斷者	可口可樂公司
2. 寡占	2. 寡占市場,利潤第二高的是寡占。二、三家公司卯起來賺,如電信、石油	以石化產業中的燃油業為例,能源產業主要用在汽車、居住,而且此類行業有自然寡占特色
3. 獨占性競爭	3. 利潤第三高的壟斷性競爭市場,例如:金融業中的銀行業	美國信用卡市場由美國運通、花旗大來卡等所寡占,其中美國運通是龍頭
二、公司分析	消費性產品中的防禦性股票	―
1. 五年營運計畫	1. 產品能持續銷售12～15年:巴菲特所選的股票都是生活中的百年企業,這些公司的產品、經營階層歷經時間考驗而屹立不搖	以美國運通為例:美國運通(American Express)公司市場定位之一在於集中全力爭取1%的富裕人士客層,而且讓刷卡商店願意提供差異化頂級服務給運通卡的持卡人
2. 經營者	2. 持續性配發股息	―
3. 股價	3. 低本益比(註:即股價低估)。2011年11月,波克夏公司首次買進科技股IBM,符合上述三條件	―

表6-7B　波克夏公司三階段投資哲學股價變動

項目＼階段	I	II	III
一、A股	1965～1980年	1981～2011年	2012～2022年
股價(萬美元)	0.0012～0.045	0.0425～11.4755	13.406～41.794
股價變動率	18.33%	897%	21.17%
道瓊指數(點)	699～964	875～12,217	13,104～31,319
道瓊變動率	0	43.2%	13.9%
二、B股	註:B股1996年才上市	1997～2011年	2012～2022年
股價(美元)	―	30.78～76.3	89.7～352.91
股價平均變動率	―	10.56%	20.95%
道瓊指數(點)	―	7,908～12,217	13,104～31,718
道瓊變動率	―	3.89%	13.9%

6-9 第三階段投資哲學（2011年起）——買進科技股

華倫・巴菲特生於1930年，是比嬰兒潮（1946～1964年生）還早一個世代的沉默世代（silent generation, 1928～1945年）。以數位科技來說，連數位移民（digital immigrants）可能都沾不上邊。生活中對電腦、手機較少接觸，連帶的，對數位產業較不熟悉。再加上沒有特別花時間迎頭趕上了解科技（包括網路業），因此，1980～2010年巴菲特完全不投資不熟悉的行業、公司，直到2011年10月才踏出一小步。

本單元從電視記者專訪，再加上股市資料佐證，你可看到他由「拒絕、小試單到全面買進」的心路歷程。

一、巴菲特現身說法

從1998～2019年，電視臺三次專訪巴菲特，可知他對投資科技類股的心路歷程。

（一）1996～2000年，錯過美國網路股熱潮：以第三波工業革命資訊業來說，1990年10月起，網際網路技術開放民間使用，可說是資訊革命生命週期中的成長第二期。

（二）問題：由表6-9可見，只考慮1996～1999年，即不考慮2000年的網路類股泡沫（dot.com bubble）破裂。

1. 那斯達克指數：那斯達克股市上市門檻比紐約證交所低，所以網路股營收、虧損累累。投資人高價買股，圖的是「本益比」。股價指數四年上漲170%，平均年漲逾40%，個股股價漲翻天。

2. 道瓊指數：這是由紐約證交所中30個行業（不包括運輸）的大型股組成，此時期成分股刪掉4支傳產公司（較有名的是聯合碳化物、固特異）。加進4支股票，有2支是傳產，即「住」中的家得寶、「樂」中的NBC，有2支科技股英特爾、微軟。道瓊指數四年報酬率90%，只有那斯達克指數漲幅的55%。

3. 波克夏股份變動率：四年上漲73.48%，平均每年上漲27%，只有那斯達克指數漲幅的六成。

（三）多麼痛的領悟：巴菲特體會以四年投資報酬率來說，波克夏股價變動率72.48%，已落後於標竿道瓊指數，比「下」不足，比「上」更是相形見絀。巴菲特表示：「我的投資觀念需要更大改特改了。」

表6-8　巴菲特對投資科技股的三階段省思

	巴菲特反省	執行
一、試驗期I	2011～2015年	波克夏公司投資IBM，甲骨文
時	2019年5月1日	2011年11月
事	在波克夏股東會時，雅虎財經（Yahoo Finance）節目報導，巴菲特表示波克夏錯過一些好的投資標的，例如：零售型電子商務公司亞馬遜。主因是科技股不像傳統產業、金融業，有可以驗證、持久的競爭優勢。	巴菲特上美國的全國廣播公司（ABC）商業頻道，說明買進IBM的原因： 1. IBM公司有訂定五年里程碑計畫（road map）。 2. 經營者分析：公司董事長兼執行長經營能力佳。 3. 公司獲利佳：每股淨利2009年10.01美元、2011年11.52美元、2012年14.37美元。
二、成長期	2016～2021年	大金額投資蘋果公司股票
時	2018年5月5日	2019年5月
事	CNBC報導波克夏股東會中，巴菲特承認沒投資字母（谷歌）、亞馬遜兩家公司，是缺乏對行業前景的洞察力。巴菲特對亞馬遜董事長貝佐斯的經營能力有很高評價：「亞馬遜的經營近乎奇蹟，當我認為某件事是奇蹟時，傾向不去投資。」	巴菲特對蘋果公司的評語如下： 1. It earns almost twice as much as the second-most profitable company in the U.S. （獲利為美國第二大企業的2倍） 2. Apple is an unbeatable company. （蘋果是一家很棒的公司）
三、成熟期	2022年起	―

6-10 波克夏公司三階段買進科技股

一、試驗期I：2011～2015年

此階段巴菲特找不到網路公司的投資分析方式，於是2011年起，等金融海嘯（2008年9月～2009年）後，小幅買進老牌科技股IBM。

（一）問題：以21世紀初波克夏股價變動率來說，乏善可陳，詳見表6-9。例如：2009～2010年漲幅，不足以彌補2008年的大跌；2011年則是小跌。

（二）解決之道：2011年11月，波克夏公司首次買進科技股IBM。

（三）2016年出脫IBM股票：2016年起，波克夏陸續出脫IBM股票，買進IBM五年，虧損20億美元，有許多文章分析原因，主因是IBM的每股高淨利來自買回庫藏股（本質是減資）。

二、試驗期II：2016～2020年

這階段主要是買進手機概念股的蘋果公司，但股票種類少。

（一）2016年起，大幅買進蘋果公司股票：迄2022年，占蘋果公司持股5.57%，次於先鋒集團（Vanguard Group）7.55%、大於黑石（Black Rock）的4.22%。

（二）賣出4支股票

· 電信公司：AT&T、威訊通訊（Verizon）。

· 消費品公司寶僑。

· 零售公司沃爾瑪。

三、全面投資：2022年買4支科技股

波克夏公司擴大投資科技股，2021年較有名的是個人電腦二哥惠普；2022年11月最有名的是全球晶圓代工霸主台積電，至少42億美元。

圖6-4　2011年波克夏買入IBM股票的情況

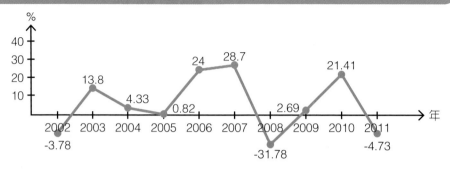

表6-9　波克夏公司投資科技股三階段

單位：%

項目	投資年分					
一、試驗期I	2011	2012	2013	2014	2015	5年小計
（一）指數	註：IBM 2006～2010年84.74					
1. 道瓊	5.53	7.26	26.5	7.52	-2.23	44.58
2. 那斯達克	-1.8	15.91	38.2	13.4	5.73	71.44
3. IBM	27.72	5.93	-0.18	-12.39	-11.41	9.37
（二）波克夏	-4.73	16.82	32.7	27.04	-12.48	59.35
二、試驗期II	2016	2017	2018	2019	2020	5年小計
（一）指數						
1. 道瓊	13.42	-5.63	22.34	7.25	18.73	56.11
2. 那斯達克	7.5	28.24	-3.88	35.23	43.64	110.73
3. 蘋果	12.48	48.46	-5.34	88.96	82.31	226.87
（二）波克夏	23.42	21.91	2.82	10.88	2.42	61.55
三、全面投資	2021	2022	2023	—	—	—
（一）指數	惠普2016～2020年小計102.6			—	—	—
1. 道瓊	18.73	-16.93	—	—	—	—
2. 那斯達克	21.39	-34.03	—	—	—	—
（二）波克夏	29.57	-7	—	—	—	—

表6-10　波克夏公司買賣臺股台積電

方向	買進：2022年	變盤原因	賣出：2023年2月
時	2022年8月	2022年8月2～3日	2023年4月12日
地	美國	臺灣臺北市	日本東京都
人	華倫‧巴菲特	斐洛西，美國眾議院議長	華倫‧巴菲特
事	以41億美元買進台積電的美國存託憑證6,010萬單位。在2023年5月6日，波克夏公司股東會中，巴菲特表示，台積電是全球經營最佳公司之一。	斐洛西率團訪問臺灣，8月5日中國大陸政府加重對臺灣「武力威嚇」，飛機、軍艦越過海峽中線等。	接受CNBC節目專訪時表示：「決定出售5,169萬單位台積電，是因為擔心臺海兩岸的地緣政治緊張局勢，而這種情況不在波克夏公司的控制範圍內。」

圖6-5　美國蘋果公司經營績效、股價

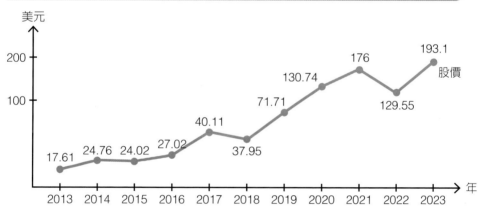

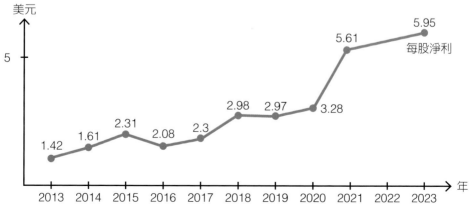

圖6-6 蘋果公司本益比

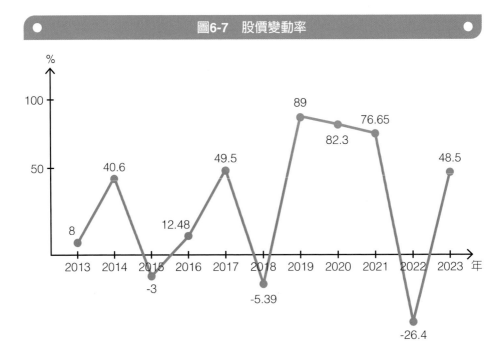

圖6-7 股價變動率

Chapter 7

21世紀美國三次股災拖累全球股市 —— 兼論2006年美國、2021年中國房市泡沫破裂

全景：經濟危機

本書投資管理聚焦在金融投資中的股票投資，所以適宜只討論股市災難（stock market crash，簡稱股災），尤其是其中10年一次的股市泡沫（stock market bubble）。但在本章第一個單元，有必要拉個全景，用廣角鏡看全貌。

一、大分類：經濟危機

經濟分成實體面、金融面，但都會失敗（failure），形成危機（crisis）、風暴（storm）。

（一）實體面危機分兩中類

· 生產因素市場：五種生產因素中勞工缺工、罷工。

· 商品市場：四個需求面——消費、投資、政府支出和國際貿易。

（二）金融面危機分兩中類

· 金融體系：常見的是銀行危機（banking crisis），這是許多科系大二「貨幣銀行學」課程範圍。

· 金融投資：這是本書重點。

二、金融面分兩中類

以表7-1之21世紀美中的金融危機為例，分三小類。

（一）金融資產，以基本資產為例

· 證券市場。

· 債券市場：有力量構成危機的大部分是政府無力償還公債。

（二）商品資產

依生活項目「食衣住行育樂」來說，農產品、原油都可能因投機炒作而價格狂飆，泡沫破裂後「崩盤」（跌價一半以上）。

（三）價值儲存資產

價值儲存資產中最容易擴大成災的是，一國中央銀行無力償還外債，貨幣重度貶值，甚至向國際貨幣基金申請緊急救援，稱為國際貨幣危機（international currency crisis）。

表7-1　21世紀美、中及全球的金融危機

大分類	中 / 小分類	說明	時	國	備註
一、實體面					
二、金融面：金融危機（financial crisis）或金融風暴（financial storm）	（一）金融體系	銀行危機	－	－	－
	（二）資產	－	－	－	－
	1. 金融資產				
	1.1股票市場	股票市場泡沫（stock market bubble）	2008年8月9日 2021年12月	美國 美國	金融海嘯（financial crisis）
	1.2債券市場	－	2009～2011年5月	歐豬5國（Piigs）	南歐四國加上愛爾蘭，政府無力償還公債
	2. 商品資產				
	2.1食	農產品	2009年 2020年8月	中國	炒作綠豆、大蒜、糖、冬蟲夏草，俗稱「豆你玩」、「蒜你狠」
	2.2衣	運動鞋炒作	2017年9月～2021年	中國	耐吉公司旗下耐吉喬丹公司推出喬丹鞋
	2.3住	房屋市場泡沫（housing bubble）	2006年～2007年	美國	2005～2006年房市泡沫，2006～2007年逐漸破裂
		－	2021年9月	中國	房地產危機（property crisis）
	2.4行（石油）	原油（期貨）	2007～2008年	全球	2008年7月14日紐約商品交易所原油期貨價格147.27美元，2009年1月21日37.2美元
	3. 價值儲存				
	3.1外匯	國際貨幣危機（international currency crisis）			

®伍忠賢，2022年9月17日。

全景：股市本益比看前景
——21世紀美股三次股災

　　週間財經臺（57臺東森財經、58臺非凡）、新聞臺財經節目請證券分析師分析當天大盤、預測隔天盤勢；週末分析期間為本週、下週。套用宋朝蘇軾的詩〈題西林壁〉後兩句：「不識廬山真面目，只緣身在此山中。」

　　當你把時間拉長到30年，發現美國每10年就發生一次股市泡沫，樓起樓塌，很容易看清全貌。由表7-1來看，把21世紀美國股市泡沫分類，可以提供我們了解2021年12月股市泡沫破裂後的發展。本單元以美國標普500指數與本益比為對象，以下說明之。

一、2000年3月，網路股泡沫股災

　　由本益比來看，網際網路類股泡沫從形成到恢復共花7年。

　　（一）泡沫形成期，1997～1999年：1997年2月，本益比20倍，超越長期（1871～2022年）均值（15倍），也進入股市泡沫門檻。迄2000年2月，網路泡沫花了3年形成，算很快。

　　（二）泡沫破裂期，2000年3月～2004年6月：泡沫破裂期花了4年，整個氣球才洩完氣。

　　（三）崩盤後正常期，2004年7月：2004年7月本益比19.51倍，降到20倍以下，逐漸往均值下降，恢復正常。

二、2007～2009年股災

　　詳見Unit7-6。

三、2021年12月股災

　　詳見Unit7-8。

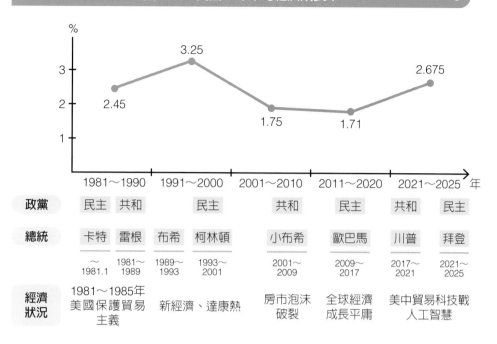

圖7-1A　美國10年平均經濟成長率

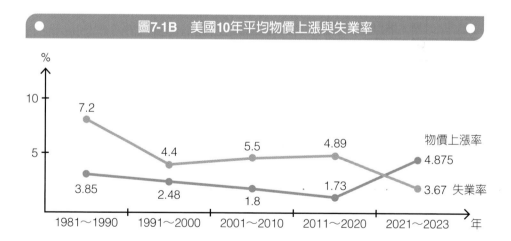

圖7-1B　美國10年平均物價上漲與失業率

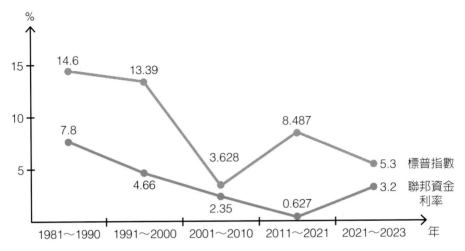

圖7-2　美國聯邦資金利率與標普500指數報酬率每10年平均

1980.12為15%，1981年平均16.39%。
註：各年皆為平均值。

標普500指數報酬率：含利息與指數變動率。

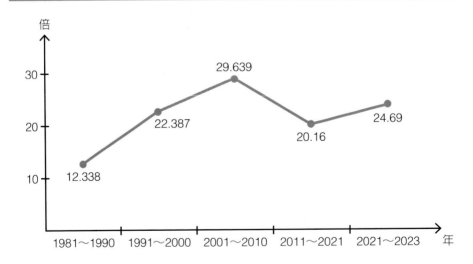

圖7-3　標普500指數每10年平均本益比

近景：標普500指數本益比 百年均值15倍

投資人、證券分析師每天盯著各國股市指數去分析漲跌原因，並且預測未來。每天找一堆變數，斷簡殘篇的說，當你把美國股市代表標普500指數的百年本益比圖做出後，大抵可解釋美股四次（21世紀3次，加上1929年10月經濟大蕭條）崩盤，這才是美國股市大趨勢的最佳指標。

一、標普500指數

標普500指數是美股的最佳指標，道瓊指數取樣30支股票，代表性較低。

二、資料來源

以標普500指數兩種本益比來說，我常用資料來源如下：

（一）一般指數：主要宏觀趨勢是The Macro Trends網站中的「Long term trends」。

（二）席勒指數：

· Nasdaq Data，資料細到每日。

· Long term trend.com。

三、回復均值

股市本益比的現象之一便是回復均值。

（一）比較常見的回復均值：回復均值（mean reversion）以標普500指數中的席勒本益比來說，1871年～2022年，150年平均值大約15倍，換成平均的本益比很相近。

（二）比較難懂的回復均值：回復均值還有許多觀念，其中之一是回歸式的均值，英文稱為reversion to the mean，本書不說明。

（三）2021.12～2022.9美國股災，席勒本益比更準：由圖7-6兩種本益比來看，2021年11月席勒本益比38.58倍、12月38.33倍，標普500指數來到5,186高點，指數重挫，經歷10個月空頭。

四、股市災難（stock market crash）

（一）高點：本益比20倍

套用宋朝詩人蘇軾於中秋節寫的〈水調歌頭〉中的一句：「明月幾時有，……高處不勝寒。」當本益比突破20倍、殖利率5%以下，不足以刺激更多人棄債買股，反而許多人「居高思危」，售股轉入債券；股市泡沫破裂。

（二）低點：本益比8倍

當股市泡沫破裂，本益比跌至10倍以下，以8倍來說，益本比12.5%以上，這比買債券賺更多，於是連最保守的機構投資人（壽險公司）也進場撿便宜，成為股市復甦的很大力量。

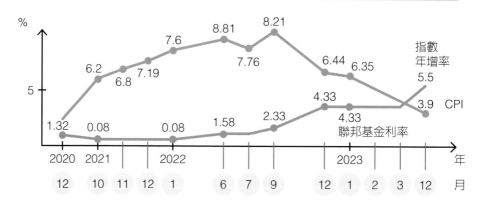

圖7-4　2020～2023年美國消費者物價指數與指數年增率

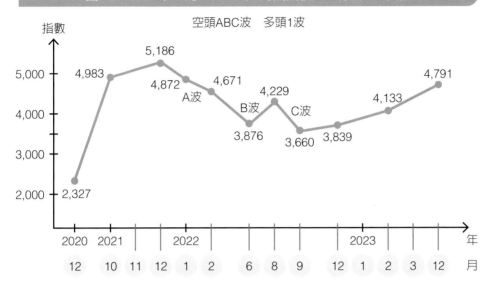

圖7-5 2021年12月～2022年9月美國股災：標普500指數

空頭ABC波 多頭1波

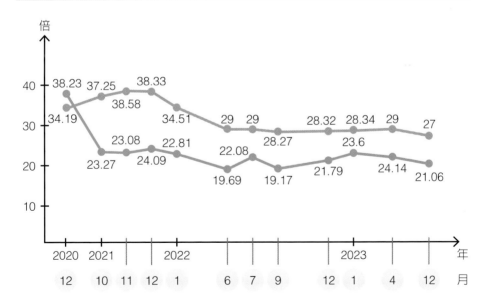

圖7-6 標普500指數本益比

席勒精準預測美股網通泡沫破裂

每年年底，各國算命師都會針對明年政局、演藝人士婚姻狀態做等預測。同樣的，在泡沫破裂的預測中，常有「末日博士」等提出，但三次精準預言的，首推席勒。

一、席勒本益比

耶魯大學經濟系教授席勒提出「景氣循環調整的本益比」（Cyclically Adjusted PE Ratio, CAPE），詳見表7-2，用來研判股市是否過熱。該本益比又稱「席勒本益比」（Schiller PE Ratio）。由圖7-7可見，這是以標普500指數為對象。

（一）長期（1871～2014年）平均值16.5倍。

（二）四次突破25倍：1929、2000、2007、2021年，席勒本益比四次突破25倍，結果都是股市泡沫破裂。席勒本益比一旦升破26倍，美股接下來5年的報酬率通常為負，詳見圖7-7。

二、四次股市泡沫

當席勒本益比達26倍以上，席勒本益比有提前預測股市泡沫的功能。

三、2001年美國網通股泡沫破裂 —— 席勒的書《非理性榮景》

2000年3月，美國網路股泡沫破裂，而席勒早已預見，以下詳細說明。

（一）1996年11月，席勒本益比30倍

1996年12月3日，美國聯準會主席葛林斯班聆聽學者專家意見，其中之一就是席勒。他在報告中指出，美股已過熱，可能引發泡沫危機。

1996年12月5日，葛林斯班在一場演說中以「非理性榮景」（irrational exuberance）來形容美國股市。當時道瓊指數6,400點，標普500指數的席勒本益比已接近30倍，詳見圖7-7。

（二）1999年12月，席勒本益比40倍

2000年3月，席勒出版《非理性榮景》（*Irrational Exuberance*，中文版2000年12月由時報出版），形容1990年代末的股市多頭是投機性的金融泡沫。統計顯示，1871～2000年本益比達高峰者有三次，但是從來沒有像1999年12月超過40倍（指數306點），因此席勒認為股價被過度高估。從歷史經驗來分析，

最接近當時道瓊工業指數本益比水準的是1929年10月起股市大崩盤，1932年6月跌到谷底，跌幅80.6%，指數直到1938年12月才回升到1929年9月的水準。

（三）2000年3月10日起泡沫破裂

網際網路公司只有營收，沒有獲利，俗稱「本夢比」，分三時期。

1. 1991～1995年：1991年網際網路商業化，1993年NCSA Mosaic瀏覽器及全球資訊網（www）上線，1996年起，大部分美國上市公司都有網址。1995年7月，亞馬遜零售型電子商務開始營運。

2. 1996～1999年泡沫期：1995年12月網景通訊（Nastcape）在那斯達克股市上市，1996年4月入口網站雅虎上市，股價迭創新高。1998～1999年創投公司更大力投資網路新創公司，以加速其上市，賺取資本利得，網路股股價飆過頭。

3. 2000年3月10日：以網路類股為主的那斯達克指數為5,050點，本益比120倍，股市泡沫開始破裂，破裂原因是1999年聖誕節業績不佳，2000年2、3月陸續公布1999年第4季財報後，投資人看破網路公司只有「本夢比」，沒有「本益比」，那斯達克指數下跌七成，俗稱網際網路股價泡沫破裂。

表7-2　席勒本益比vs.預估本益比（二種本益比）

	預估本益比	景氣循環調整本益比 又稱席勒本益比
時間	20世紀初	1980年
學者	證券分析師	席勒
公式	P／E(E) E(E)：預估明年（或未來一年）的每股淨利	P／Ec，又稱席勒本益 Ec：過去10年（或20年）的每股淨利平均值。跟巴克萊銀行合作，推出各國與各產業資料；2015年台新金控與中泰人壽推出臺版

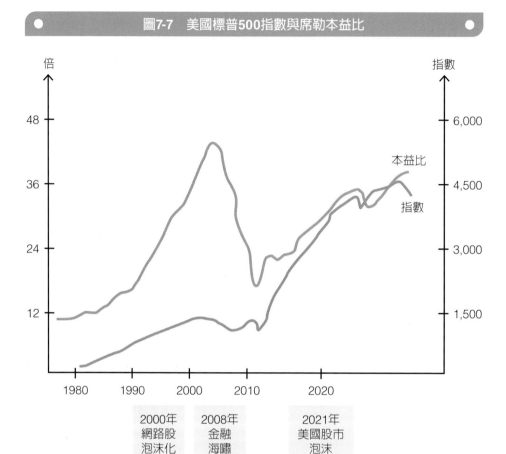

圖7-7　美國標普500指數與席勒本益比

倍

指數

48

36

24

12

6,000

4,500

3,000

1,500

本益比

指數

1980　　1990　　2000　　2010　　2020

2000年
網路股
泡沫化

2008年
金融
海嘯

2021年
美國股市
泡沫

7-5　美國房市泡沫破裂

　　房屋市場泡沫（housing bubble）破裂，在本書占二個單元說明，本單元先說明美國2006年10月～2008年8月的歷史。

一、形成泡沫的必要條件

（一）1993年，容易負擔的房屋政策

　　由於美國自有房屋比率（home ownership rate）約63%，政府認為偏低，於是推動容易負擔的房屋政策（affordable housing policy），主要是讓半官方的兩家房貸信用強化公司房利美（Fannie Mae）和房地美（Freddie Mae）降低房貸核貸條件。

（二）低利率

　　2000年3月，美國股市重挫，「負財富效果」拖累經濟，經濟成長率如下：2000年4.08%、2001年0.95%、2002年1.7%，聯準會降低利率救經濟；低利率環境下，連帶房屋貸款利率也大降，2004年30年房屋貸款利率降至5.71%、2005年6.21%、2006年6.11%。

二、形成房市泡沫的充分條件

（一）美國自住的負擔不重

　　由圖7-8D可見，縱使到了房價高點，2006年5月「房價所得比」（Home Price to Income Ratio, HPIR）大約6.81倍、房貸還本息負擔率13%。這比起2023年第3季臺灣的9.86倍、房貸負擔率42.25%輕很多。

（二）肇事者

　　問題出在投資型買屋者、度假型買屋者，這兩者2005年比率為28%、12%；2006年為22%、14%，由於房貸信用機構、第二胎房貸公司授信寬鬆，幾乎不需自備款。一旦房價從2006年5月下跌，這些投資客不再繳房貨，二胎房貸公司手上一堆房子，2006年法拍屋130萬戶，而一年房屋成交才750萬戶。

三、房市泡沫破裂後遺症

　　美國打噴嚏的影響如下：

（一）2007年4月，次級房屋貸款公司危機

美國第二順位房貸公司新世紀金融公司倒閉，掀起次級房屋貸款公司危機（subprime mortgage crisis）。由圖7-8D可見，法拍屋占房貸比率高至2010年的2.25%。

（二）2008年9月15日，雷曼兄弟公司倒閉引發骨牌效應

2008年，受房地產價格跌20%、法拍屋（fore closure）一年130萬戶影響，美國大型銀行、銀行貸款證券化保證公司（美國國際集團AIG）虧損且無力對外放款，美國聯邦準備理事會、財政部為救產業，於是對銀行、產業大公司紓困（bail-out），美國第四大證券公司雷曼兄弟證券公司因規模不夠大，未獲美國聯邦政府紓困，2008年9月15日宣布倒閉，透過骨牌效應，擴散到國外，掀起全球「金融海嘯」（financial tsunami）。

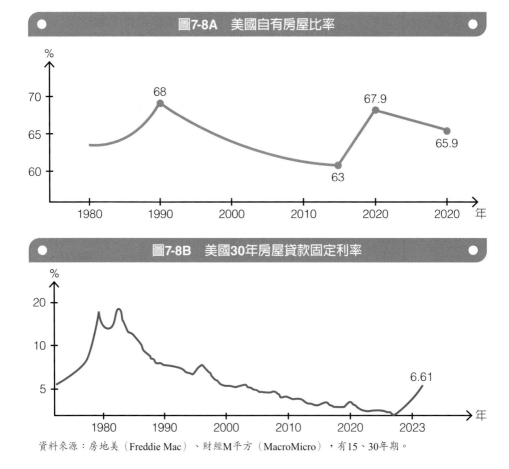

圖7-8A　美國自有房屋比率

圖7-8B　美國30年房屋貸款固定利率

資料來源：房地美（Freddie Mac）、財經M平方（MacroMicro），有15、30年期。

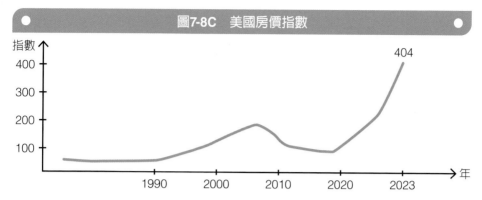

圖7-8C　美國房價指數

指數

400 —

300 —

200 —

100 —

404

1990　　2000　　2010　　2020　2023　年

資料來源：臺灣財經M平方（MacroMicro）、美國房價指數，另有標普20大城市、FIFA CSA房價指數，原始資料出自Federal Housing Finance Agency。

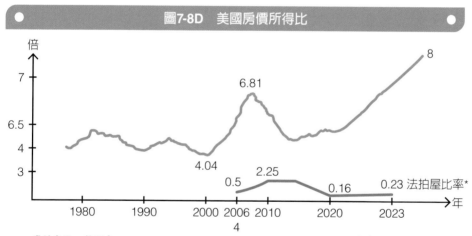

圖7-8D　美國房價所得比

倍

7 —

6.5 —

4 —

3 —

8

6.81

4.04

2.25

0.5

0.16

0.23 法拍屋比率*

1980　　1990　　2000　2006 2010　　2020　2023　年
4

資料來源：整理自Long ter trends, How price to income ratio (US & UK)，中等收入家庭所得。
*資料來源：finmaster.com, US Foreclusure Rate by year, state and city, 2023年5月25日。

7-6 2007～2009年全球與美國兩階段金融危機

2007～2009年全球金融危機（global financial crisis）分成兩個時期，本單元以中國大陸長江分為兩段的名稱舉例。

一、以長江6,000公里分兩段名稱為例

全球第三長的河流長江，名稱分為兩段，四川省宜賓市以上稱金沙江，以下稱長江，而且許多省還有地方名稱。

二、2006～2007年房市泡沫破裂

（一）泡沫形成期（多頭）：2005年12月迄2006年12月

以股價指數本益比來看，2005年12月本益比18.44倍，已超過15倍，進入股市泡沫形成期。

（二）股市泡沫破裂期

2006年9月起的美國房市泡沫破裂，引發2007～2009年的股災。

三、2008年9月15日金融海嘯

2008～2009年的第二波股災稱為金融海嘯。

（一）泡沫破裂期，2007年10月迄2010年1月

泡沫破裂花了2年3個月才洩完氣，即2007年10月～2009年2月下跌波中的A、B、C波（下跌波）。

（二）泡沫恢復期

2010年2月，本益比降到18.91倍，逐漸往均值（大約16倍）降低，並且恢復正常。

表7-3　席勒本益比計算例子

本益比	2021年6月	說明
(1)股價指數（美元）	4258.88	
(2.1)每股淨利（美元）	103.65	2011年7月～2021年6月，共10
(2.2)剔除物價後每股淨利（美元）	116.06	年，此處稱為inflation adjusted
(3)席勒指數＝(1)/(2.2)	36.705倍	

表7-4　2007～2009年美國房市泡沫破裂兩階段

項目	四川省宜賓市以上	四川省宜賓市以下
長江	金沙江	長江
時	2006.10～2007.12	2008.1～2009年
原因	房地產泡沫破裂	同左
結果	2007年4月，第二大二胎房屋貸款公新世紀金融公司破產，稱為「二胎房屋貸款公司危機」（sub-prime montage crisis）	2008年起，房價重挫，衝擊房貸銀行、房貸證券化保證機構（美國國際集團AIG）、發行公司（四大證券公司） 2007～2008年全球金融危機
對股市影響：標普500指數	2007年3月底指數1,421點 2017年10月底指數1,540點，開始下跌	2008年9月10日1,232點，開始下跌

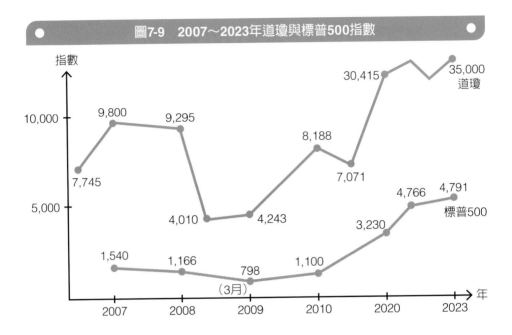

圖7-9　2007～2023年道瓊與標普500指數

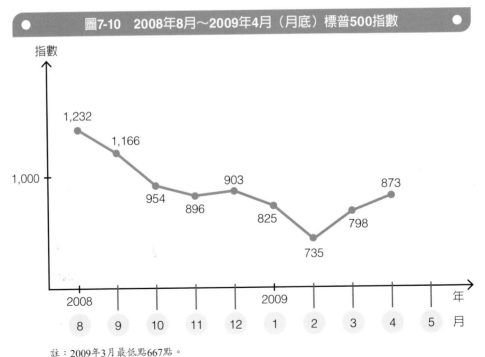

圖7-10　2008年8月～2009年4月（月底）標普500指數

註：2009年3月最低點667點。

7-7 2021年起中國大陸房地產泡沫破裂

大約2021年10月，中國大陸房地產泡沫破裂，由於缺乏公務統計資料，本單元嘗試找幾個權威資料來源說明，詳見表7-5。

一、房市泡沫必要條件

1979年12月，經濟改革開放以後，狀況如下：

（一）1980年起，商品房的需求

私營企業的員工，國家沒義務配給宿舍，員工必須自己租屋、購屋。因應人民的住屋需求，1988年中國大陸國務院實施「住房市場化」，即開放商品房交易，福利（臺灣稱社會）住宅不在此限。

（二）城鎮比率逐年提高

隨著工商業發展，農民工2.7億人進城，城鎮化比率逐年提高：1982年20.43%、1990年25.84%、2000年35.39%、2010年49.69%、2018年59.6%、2030年70.6%。

（三）城鎮自有房屋比率逐年提高

2000年，城鎮居民自有房屋比率（home ownership rate）66%，2018年才到70%，20%租房、10%借住，共3.11億間房。

二、房市泡沫充分條件

（一）2008年11月起大撒幣

2008年9月15日美國掀起的全球海嘯，同年11月中國大陸國務院推出「人民幣十兆投資計畫」（之前稱為擴大內需十項措施），有許多資金流向建築業，造成買地蓋房熱潮，買屋者搶購，房價上漲。

（二）房屋貸款利率降至6%以下

貸款市場利率（Loan Prime Rate, LPR）有1年期、5年期兩種，5年期主要是房貸的基準利率。2014年起，利率跌到6%以下，由於利率低，更刺激投資型買方進場。

三、房屋泡沫破裂原因

2007年起，房價起漲，房市泡沫花了18年，到2021年破裂。

（一）20%原因：為了壓低房價以免人民買房負擔太重，排擠其他生活支出，國務院逐年提出打房措施；包括2009年國四條、2010年國十條、2013年新國八條、2017年新五條，效果極低。2016年五部措施比較強。

（二）80%原因：由圖7-11可見，房市泡沫破裂主因是房價所得比太高，接手無力，投資型買方出租不了，鬼城、爛尾樓（約占新房6%）一堆。

表7-5　中國大陸房地產泡沫化嚴重程度

時	2018年12月21日	2022年8月5日	2023年3月
地	四川省成都市	北京市	北京市
人	西南財經大學	貝殼研究院	國務院住房和城鄉建設部
事	抽樣29個省市、364個縣（區）、4萬戶家庭 1. 一線16.8% 2. 二線22.2% 3. 三線21.8%	28省市、1～3線城市、3萬個社區的空屋率： 1. 一線城市7% 2. 二線城市12% 3. 三線城市16%	透過「自然災害綜合風險普查」，估計全國有6億棟房屋
數量	發表「2017年城鎮住房空置分析」	估計有0.5億間空房	2023年全中國4.94億戶，每戶一戶房，仍會多出1.06億間房屋

圖7-11　中國大陸城鎮房價所得比

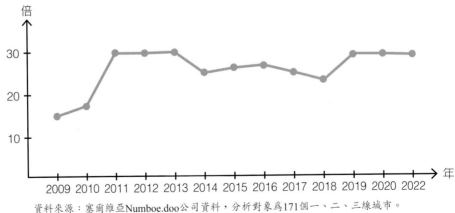

資料來源：塞爾維亞Numboe.doo公司資料，分析對象為171個一、二、三線城市。

7-8

2021年12月～2022年6月全球股災

2021年12月起的全球股災方興未艾，本單元由總體經濟率因素切入。

一、泡沫形成期：**2014年12月～2021年11月**

2011～2020年這10年標普500指數平均本益比20.16倍，2020年起的美中貿易戰、科技戰，看似對美國經濟有利。2020年1月起的新冠肺炎疫情、宅經濟，使網路類股（代表是五大股FAANG，尖牙股）更加發展蓬勃，標普指數2021年12月本益比達38.23倍。

二、股市泡沫破裂

套用1991年美國電影《完美風暴》（*Perfect Storm*）劇情，泡沫破裂如同一個由各種因素綜合成的大災難。

（一）股市

2021年12月股價指數來到高點5,186點，盛極而衰。

（二）總體經濟因素

2020～2021年因全球塞港等因素，海運費用大漲數倍，造成全球各國進口產品價格狂飆，國內運費也因油價等因素上漲。2021年美國消費者物價指數上漲7%，加上2022年2月24日俄國入侵烏克蘭，讓全球物價上漲的情況雪上加霜，2022年5%、2024年預估2.6%、2025年則預估2.2%。

（三）金融面因素

· 聯準會的聯邦基金利率：聯邦基金利率2019年6月2.4%，美國聯準會2022年8次會議中，有6次會議調高聯邦基金利率，2022年4%、2023年5.1%、2024年調降到3.75%。

· 10年期公債殖利率：這大約是聯邦基金利率（上限）加0.5個百分點。

· 30年期公債殖利率：這大約是聯邦基金利率（上限）加0.45個百分點。

(四)股市空頭期

　　A波（2021.12～2022.6）5,186點下跌到3,876點，跌幅25.26%，B波（2022.6～2022.7）3,876點，上升9.1%，C波（2022.7～2022.9）下跌13.36%。

Chapter  8

基本分析之一：總體經濟與股市

投資決策I：投入、組織設計——
證券投資信託公司決策分層負責

公司的核心（研發、生產、行銷／業務）與支援（資訊、財務、人力資源）功能，看似皆由公司一個功能部門負責，當我寫過公司科技（即研發）、生產、行銷、財務管理等教科書、企管叢書後，了解到當你以一家全球巨型公司為對象來做個案分析，才會發現這會涉及經營層（董事會）、管理層（總裁及其直轄單位）、事業部、功能部門等。

一、投入

「正確的開始」是成功的一半，這印證在證券投資信託公司至少有兩項。

（一）組織設計：詳見Unit8-2說明。

（二）分析方法：基本分析三層級（總體環境、產業分析與公司分析）跟投資績效三來源中的兩大類對應：總體環境分析決定資產配置，進而決定投資組合績效。產業與公司分析決定產業、個股比重，即選股績效。

二、轉換：投資策略

簡單的說，投資策略可用一句話形容：「在年虧損率10%限制下，追求投資報酬率極大」。

三、產出

投資績效可「拆解」（break down）成三個來源，依「80：20」原則拆成三項：投資組合績效占50%、選股績效占45%、擇時績效占5%，詳見Unit8-2。

表8-1 證券投資信託公司在投資績效三個來源的分工

組織設計 證券投資信託	投入 分析方法	轉換：投資策略 擴大報酬率	轉換：投資策略 風險管理	產出 報酬率20%
一、組織層級 1. 董事會 2. 總經理 3. 研究副總 4. 基金管理部副總 以上主管合開投資策略會議	一、基本分析（macro economic analysis） 總體分析	一、投資組合績效（portfolio return） 1. 超級分類 (1) 金融資產70% (2) 商品資產20% (3) 實值儲存10% 2. 大分類——金融資產70%如下： (1) 股票60% (2) 轉換證券5% (3) 其他5%	一、地區分散（regional diversification） 1. 美35% 2. 歐10% 3. 日5% 4. 臺50%	占50%
二、組織層級 1. 研究部 2. 產業策略研究部 三、基金管理部之基金經理	二、技術分析項目 1. 波浪分析 2. 產業分析（sector analysis） 3. 公司分析（company analysis） (1) 公司前景財務（比率分析） (2) 財務（比率分析）	二、選（產業）股績效（selection return）	二、持股分散（industry diversification） 電子業60% 傳統產業29% 金融業11%	占25% 其中占20%
四、交易部 賣出	三、技術分析低點買進、高點賣出	三、擇時績效（timing return）	三、時間分散（time diversification）	占5%

　　表8-1中，第三、五欄有提到金融投資（以股票為例）年報酬率為20%，以證券投資公司來說，從上到下由三個組織層級負責；表8-2是臺灣統一投資信託公司黑馬基金的二層級投資。

一、投資組合績效（portfolio return）

（一）資金配置影響投資組合績效

　　一支基金的報酬率主要來自資產配置（asset allocation），最簡單的說法便是「股票比率」、「現金比率」（cash ratio），由表8-2可見，這一支臺灣基金跟著景氣（經濟成長率）調整股票比率（stock ratio）。

（二）決策層級

　　由於資產配置影響投資績效50%以上，在證券投資公司中，往往由董事長定期（例如：一週一次）召開「資產配置」決策會議，主要由三大部門：研究部、基金管理部、交易部副總參加，重點在於決定本月的股票比率，而且作為旗下相同股權股型基金（例如：成長型基金5支）經理的指導原則（guideline）。

二、選股績效（selection return）

（一）選股績效占投資績效45%

　　一支基金的選股績效，影響投資績效45%，分為兩階段：

　　‧產業分析決定各產業比率：占25%。

　　‧公司分析決定各公司持股比率：占20%。

（二）決策層級：研究部與基金管理部

　　研究部從上市1,150支、上櫃850支，共2,000支股票中挑二成，稱為「可投資股票」。

　　基金管理部的某基金經理決定各公司所占基金比率。

三、擇時績效（timing return）

　　當某一位基金經理今天想買進台積電10單位（一單位10張），早上8點40分前，會把交易單交給交易部。

（一）技術分析決定擇時績效

交易部的交易人員在盤中「買低賣高」之所需能力有二：

・一天內微結構（microstructure）的技術分析。

・消息分析：透過跟證券公司營業員的聯絡管道，了解台積電重大交易來源等。

（二）決策層級：交易部

交易部接到基金經理的交易單後，便交由電子股交易員去交易，在4小時半的盤中，他（或她）會依盤勢去找相對低點的股票分批買入。

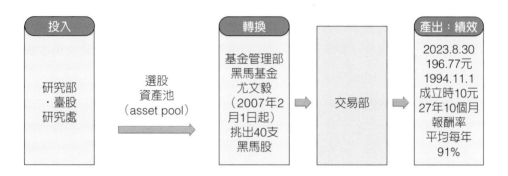

投入		轉換		產出：績效

（流程圖：投入→選股 資產池（asset pool）→轉換→交易部→產出：績效）

投入：研究部・臺股研究處

選股 資產池（asset pool）

轉換：基金管理部 黑馬基金 尤文毅（2007年2月1日起）挑出40支黑馬股

交易部

產出：績效 2023.8.30 196.77元 1994.11.1 成立時10元 27年10個月 報酬率 平均每年 91%

表8-2　統一投信黑馬基金資產配置

2024年3月31日

單位：%

投資績效來源	說明	前十大持股2023年7月	
一、投資組合績效	（一）資產配置 1. 股票 97.13 2. 債券 2.87 3. 現金	1. 世蕊-KY	7.10
		2. 台積電	6.56
		3. 富世達	5.31
		4. 鴻海	5.25
		5. 美時	4.92
二、選股績效	（一）投資產業（上市公司） 1. 半導體業 26.28 2. 電子零組件業 20.36 3. 電腦及周邊設備業 10.06 4. 電機機械 8.58 5. 生技醫療業 6.09 6. 其他電子業 5.25	6. 嘉澤	4.04
		7. 元太	3.62
		8. 廣達	3.42
		9. 高力	3.20
		10. 健策	3.13

投資績效的來源

　　一年投資股市報酬率47%，究竟是怎麼賺的？我們把「投資績效來源」此一單元放在本章，以突顯運用整體經濟知識做好資產配置才是「大賺」的關鍵。

一、元帥管布局，將軍管布陣，校尉管衝鋒陷陣

　　2012年中國大陸連續劇《楚漢傳奇》、2010年的《三國》，主軸在於戰爭，結果指出元帥的運籌帷幄才是「以少勝多」的關鍵。例如：蜀國諸葛亮是文人，卻可助劉備跟魏吳鼎足而立。由表8-3可見，投資績效來源可分解成三個部分，第一欄是其貢獻率；第二欄以證券投資信託公司的相關部門分工為例，其中由研究、基金管理（或投資）、交易部主管與總經理組成的「投資決策委員會」，主要功能在於「踩油門、踩煞車」。

二、資產配置績效

　　投資報酬率最主要來源在於資產配置（assets allocation），即分配在股票（風險性資產的代表）與公債（無風險資產的代表）的比重。在股市多頭、空頭時，資產配置比重建議如下：

　　（一）股市多頭時，股八債二。在股市多頭時，以100萬元資金為例，80萬元投入股市，20萬元買公債，持股比率80%；公債作為預備隊，以備不時之需。

　　（二）股市空頭時，股二債八。

三、投資組合績效占40%

　　可分成二中類：

　　（一）行業配置占30%，稱為投資組合績效（portfolio return）。

　　（二）選股績效占10%，選股（stock selection）對投資報酬率的貢獻頂多占40%，在多頭時，大抵「隨便買，隨便賺，只是賺多賺少之差」。

四、擇時績效

　　擇時績效（timing return）是指選定某一支股票投資，如何在當天或一週內買到相對低點；反之，如何賣到相對高點。

五、挪威政府全球退休基金的運作方式

挪威政府全球退休基金（Government Pension Fund Global, GPFG）包含石油基金及政府（挪威）退休基金。

（一）其投資方式詳見表8-3第三欄。

（二）操作績效：2011～2021年有兩年（2011年歐債風暴，2018年美中貿易戰）虧損，11年平均報酬率10%。資產市值從2011年底的3.3兆挪威克朗，暴增到2023年4月的12.3兆挪威克朗（1.35兆美元）。

表8-3　投資績效的來源與比重

占比	投信公司負責單位	挪威政府石油與退休基金*
50% 資產配置績效 （asset allocation return）	1. 一個月一次資產配置委員會 　·總經理 　·研究部副總（含總經分析師、策略分析師） 　·基金管理部副總 　·交易部副總 2. 決定：資產配置，股票、債（含現金）比率，股票中行業比率	國外（70國、44種貨幣）為主 　·股七 　·債三：含房地產 允許在10%範圍內調整配置投資未上市房地產及再生能源基礎建設 大部分國際退休基金現金比重都在10%以下；且近年來有兩大投資重點，即另類投資（占二成）、永續投資 在短、中期等不同投資期間部位上多元資產組合，以控制風險，適時增加投資報酬率，甚至降低交易成本
40% 選股績效 （selection return）	一週一次投資決策委員會 1. 研究部 　·產業分析師 　·公司分析師 　上市（2,300支）、上櫃（870支）股票中，挑出400支值得投資的 2. 資產管理部 　投資決策委員會 　·現金比率 　·挑產業 　基金經理 　·挑股票	1. 基金：成立挪威銀行投資管理（NBIM），自行研究，深度訪談被投資的1,000多家公司，挑選出最適宜的投資組合。共投資全球9,338家公司，包括臺股，全球上市公司平均持股比率為1.3% 2. 各國前十大權值股：以對臺股的投資來說，主要在前十大權值股
10% 擇時績效 （timing returns）	交易部 當日各股 1. 買進 2. 賣出	新興市場等較不熟悉的投資領域，委託外部專業經理投資

*資料整理自《經濟日報》，2022年11月6日，A4版。

大部分人類行為結果的時間序列（time series）資料，以時間分為長期、短期，再各分為兩中類（趨勢、循環性）、三中類（季節性、月性、波動性）。表8-4中第三欄是總體經濟、第四欄是（全球）各國股市績效，這是總體經濟影響的結果。基本分析由上到下可分為以下步驟。

一、步驟一：總體經濟分析決定投資組合績效

全球經濟息息相關，全球景氣好（成長率3%以上），大部分產業皆感「普天同慶」。若景氣差（2024年1月9日世界銀行預計全球經濟成長率2024年2.4%、2025年2.7%），很少有產業能置身事外，所以在本章中已說明總體經濟跟股市的關係。

二、步驟二：產業分析決定選股績效I

產業分析（industrial analysis）主要是分析該產業處於哪一階段，依產品特色，可分為兩種走勢。

（一）產業循環：許多民生必需產業（例如：塑膠、鋼鐵），因產業內產能擴充、過剩、減產，而呈現產業景氣循環現象，詳見表8-4。

（二）產業生命週期：許多電子產品壽命很短，因此呈現生命週期現象，詳見下個單元。

三、步驟三：公司分析決定選股績效II

這包括公司的市場定位（含營業區域）與核心能力（主要是競爭優勢的來源）、公司淨利。一般來說，根據產業內的市占率（分成營收、銷量二種），可以把公司分成三線。

（一）一線公司：產業前四強

一般來說，電子產業內老大賺大錢，老二賺小錢，老三損益兩平，老四（虧損）等著被收購。

（二）二線公司：產業前五到八大

二線公司往往採取差異化集中策略，推出特殊規格產品，以滿足特定客戶。

（三）三線公司：產業第九大以後

四、步驟四：投資評等

從公司每股淨利再加上預估該股本益比，便可得到該公司投資價位，例如：2024年1月3日瑞銀證券主張2024年台積電投資價位750元。所以，證券、投信公司的研究員大都是管理學院畢業，至於電子、生技類股的研究員，則有許多來自理工學系。

表8-4　時間序列資料之特性與運用

時間性	氣候	產業	股票市場
一、長期（1年以上）	—	—	—
（一）趨勢（trend）	地球暖化每10年溫度上升0.1度	產業生命週期	以股市成立時間來看，指數大多頭
（二）循環（cyclical）	1. 聖嬰現象3～10年一次 2. 反聖嬰2～7年一次	1.（全球）各國景氣循環 2. 產（行）業景氣循環	10年一次大循環，本益比有回復均值
二、短期	2024年	2024～2025年	2024年
（一）季節性（seasonality）	反聖嬰現象 1. 春：春雨減少、旱災 2. 夏：夏耘 3. 秋：準備收成 4. 冬：冷	冬天氣候不佳，減少可工作天數；春天過年後民眾減少採購，易「五絕六窮」	每年1月底、2月初，農曆年後「開紅盤」；7月起現金股利發放給投資人，股票「填息」
（二）每月	—	夏季年底消費訂單「五絕六窮」是指消費動能低，股市跌	以1987～2023年來說，一年有4個月一定跌，狀況如下欄所示
（三）波動性（movement或noise）	極端氣候 1. 一天暴雨 2. 一天超高溫 3. 一日暴雪	年底聖誕節業績	5月：-0.2% 6月：-1.2% 9月：-1% 10月：-1.7%

8-5　美國股市與經濟

本單元從經濟學者的論文結果，進而運用到2025年美國經濟成長率與建議持有美股的「股票比率」。

一、股市是經濟的櫥窗

「股市是經濟的櫥窗」（Stock market reflect the economy.），這句俚語我沒查到英文、中文出處，一般說法是投資人買賣股票，看的是公司未來的每股淨利，而這又受總體經濟的影響。簡單的說，股市反映的是半年以後的景氣等。套用下列成語，稍微修改。

（一）范仲淹《岳陽樓記》裡的「先天下之憂而憂，後天下之樂而樂」，這句話已變成俚語。

（二）股市的運用：後面一句話須改一個字為「先天下之樂而樂」。

二、兩種分析角度

針對股市跟總體經濟的關係，在經濟學界，至少有兩種分析角度，由於這題目太老了，因此1980年以後，針對美國沒有重量級論文，2010年以後的論文，大都偏重於開發中國家（例如：巴基斯坦）、區域（例如：東南亞），針對美國結論為單向因果關係：股市→經濟。

主要是股市上漲，許多投資人賺到錢，透過正財富效果，帶動消費、投資（家庭購買新屋等），提高經濟成長率；股市下跌，則拉低景氣。

三、美國經濟成長率與股市報酬率

（一）經濟成長率與道瓊指數報酬率

1. 2020年經濟衰退-2.8%：這是因新冠肺炎疫情封城，拖累經濟，但網路類股（FAANG尖牙股）因宅經濟興起，營收、淨利成長，支撐了股市，標普500指數漲了16%。

（二）經濟成長率與公債殖利率

詳見Unit9-3。

（三）標普500指數漲跌

由表8-5可見，標普500指數漲跌，跟經濟相關程度低。2015、2018年下跌，都是本益比超過長期平均值，投資人高處不勝寒，高價售股、獲利了結。

表8-5 美國股市與景氣

波浪理論 中分類 / 時（年分）	1（初升段） 2010	2011	2012	2013	2014	2 2015	3（主升段） 2016	4 2017	2018	5（末升段） 2019	2020	2021	下跌 ABC 2022	上升 — 2023
一、指數														
（一）指數														
1. 指數（年初）	1,124	1,283	1,301	1,480	1,822	2,028	1,919	2,725	2,790	2,607	3,278	3,794	4,764	4,770
2. 漲跌（%）（有除息）	15.06	2.11	16	32.39	11.19	1.38	11.96	21.87	-4.38	31.44	18.4	28.71	-18.7	23.14
3. 單年漲跌（%）	12.78	0	13.41	29.6	11.39	-0.73	9.54	19.42	-6.24	28.88	26	89	-19.44	22.4
（二）每股淨利（EPS）	54.29	78.67	87.48	86.91	100.42	101.29	36.5	96.46	111.73	133	132	105.5	105.5	198
（三）本益比（年初）=（一）/（二）（倍）	20.7	16.3	14.87	17.03	18.15	20.02	22.18	23.59	24.97	19.6	24.88	35.96	23.11	25.77
二、經濟														
（一）實體														
1. 經濟成長率（%）	2.71	1.55	2.28	1.84	2.29	2.71	1.67	2.24	2.95	2.29	-2.97	5.95	2.1	2.5
2. 失業率（%）	9.63	8.95	8.07	7.07	6.37	5.17	4.87	4.36	3.9	3.67	8.05	5.35	3.61	3.7
3. 物價上漲率（%）	1.64	3.16	2.07	1.46	1.62	0.12	1.26	2.13	2.44	1.81	1.23	4.7	6.5	3.9
（二）金融														
4. 利率：10年期公債（平均）	3.3	1.89	1.78	3.04	2.17	2.44	2.44	2.41	2.69	1.92	0.93	1.52	3.88	3.9
5. 外匯匯率：美元指數	78.96	80.21	79.77	82.04	90.28	98.69	102.21	92.12	96.17	96.54	93.27	89.21	110.05	101

®伍忠賢，2023年5月21日。資料來源：美國華盛頓州西雅圖市Macro Trends公司。

總體經濟分析

9-1 總體經濟分析Ⅰ：美國的巴菲特指標

公司股價三種計算方法之一的「股價／每股營收法」，在總體經濟分析的運用上，即是一國的「股市市值／總產值」，這是不同期間（例如：10年）門檻數值移動的指標，由於這是美國股神華倫·巴菲特提出的，各國每日有更新數字，所以必須說明。

一、巴菲特指標緣起

2001年10月10日華倫·巴菲特接受《財富》雙週刊記者專訪時，說明如何判斷美股「高估」（over valued）、正常（fair valued）、超跌（under valued），即「美股市值／總產值」（stock market capitalization to GDDP ratio），外界以他的名字命名，稱為「巴菲特指標」（Buffet Indicator），不過巴菲特沒有提出具體分級門檻（詳見英文維基百科Buffet Indicator）

二、操作性定義：一國股市市值

（一）錯誤做法占網路文章八成：重複計算

美國有兩大股市（紐約、那斯達克）、中國大陸有三大股市（上海、深圳、香港）、日本有兩大股市，實務上你看到的美國市值50兆美元，是紐約證交所市值26兆美元，加上那斯達克24兆美元之和。

（二）正確做法占網路文章二成：剔除重複計算

為了避免重複計算，應把跨股市掛牌的股票（例如：美國尖牙股）在一個股市剔除。其中最有名的是1974年威爾夏夥伴公司（Wilshre Associates Inc.）編製的美股5000（支股票）指數，據以作為美股代表，可算出威爾夏5000巴菲特指標，詳見圖9-2。

三、資料來源

下列文章是討論巴菲特指標中，很仔細又清楚的一篇：

· 時：2022年12月2日。

· 事：在Current Market Valuation公司網站上的文章The Buffet Indicator Overview。

四、巴菲特指標預測2021.12～2022.6美股重挫

投資人有興趣的是，巴菲特指標的賣出、買進訊號，由圖9-3可見。

1. 賣出訊號200%：當巴菲特指標到達200%，表示股市「超值」（跟總產值比較，股價太高），股價指標（標普500指數）下跌。

2. 買進訊號150%：由圖9-2、9-3可見，當股價下跌，股市市值跟著下降，股價超跌，巴菲特指標150%，投資人會逢低買進，到了2022年9月就一路買。

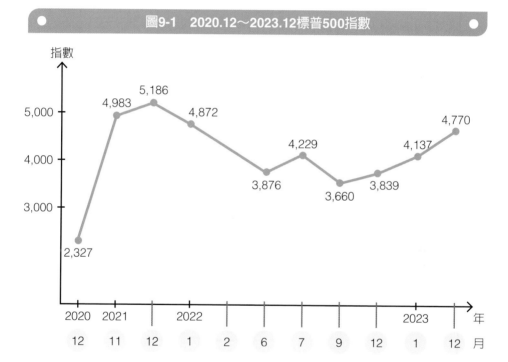

圖9-1 2020.12～2023.12標普500指數

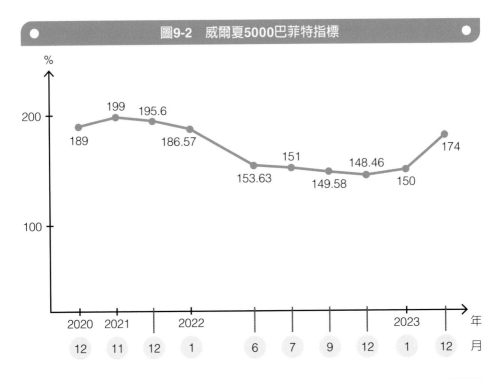

圖9-2 威爾夏5000巴菲特指標

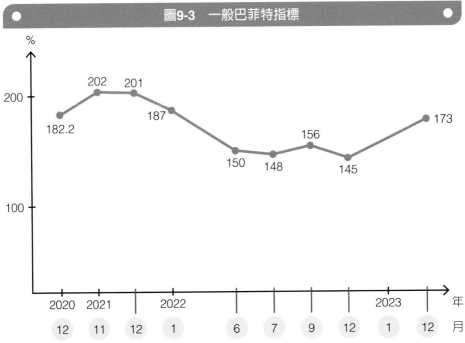

圖9-3 一般巴菲特指標

9-2 總體經濟分析II：金融面全景

消費者物價上漲有兩大原因：需求牽引（demand pull）、成本推動（cost push），需求牽引來自「too much money chasing too few goods」。把金融商品當商品，以股票來說，也會發生資金行情（liquidity-driven rally）。本單元從美臺兩個資金角度來拉個全景，後面兩個單元拉近景、特寫。

一、美國的資金與股市

（一）資金的價格

俗稱「利率模型」（interest rate model），由表9-1可見，主要包括短期利率（聯邦基金利率）、長期利率（10年期政府公債殖利率）。利率水準跟股票市場本益比、殖利率、變動率沒有穩定比率關係，以聯邦基金利率來看，在5%以上，投資人會「棄股轉債」，股市下跌；1%以下，投資人棄債轉股，股市上漲，詳見Unit9-3圖9-4。

（二）資金的數量

由表9-1中的圖來說，可把資金視同「水能載舟」中的「水」，股市市值是「舟」，當股市市值／M2比率高於2倍，舟太大，水量不夠撐起舟；2倍以下，水量則夠。

二、臺灣的資金與股市

（一）資金的價格

臺股有「定存概念股」，一般是指益本比大於3倍「一年期定存利率」（interest rate, R），這是個股，以指數來說，則以「整體殖利率」作為代理變數。在財經M平方（MacroMicro）網站上，可查到2006年起「臺灣10年期公債殖利率跟加權指數」圖形。2009年起，公債利率降到1.6%以下，以2009年2月23日來說，利率1.38%，指數4,478點，可說相對極低，從此指數一路上漲。

（二）資金的數量

常用的是狹義貨幣供給（M1b）、廣義（M2）年增率線，黃金交叉時，是「買點」；死亡交叉時是「賣點」。由於中央銀行公布數字落後一個月，所以此訊號可說是落後指標。在財經M平方網站上，可查到2020年起「M1b與M2年增率」的線圖。

表9-1　時間序列資料之特性與運用

項目	空頭	平盤	多頭
一、美國			
（一）利率			
1. 10年期公債殖利率	6%以上	1～2%	2%以下
2. 聯邦基金利率	5%以上	1～5%	1%以下
（二）數量 1. 比率 股市市值 / M2			
二、臺灣			
（一）價格	3R＞E/P ratio	－	3R＜E/P ratio
（二）數量	M1b與M2死亡交叉	－	以2023年為例 （3×1.5%）＜5% M1b與M2黃金交叉

美國聯邦基金利率預測網站

時：2017年。

地：美國伊利諾州芝加哥市。

人：美國商業交易所（Chicago Mercantile Exchange, CME Group）。

事：透過Federal Watch工具，針對下一次（一年8次，平均1.5個月一次）聯邦準備
理事會（Fed）旗下公開市場操作委員會（FOMC）開會前30天之資料，去分析
升值0.75個百分點的機率有80%、0.25個百分點的機率有20%，參考資料之一是
30天期聯邦基金期貨。

9-3 總體經濟分析III：金融面──10年公債殖利率與標普500指數變動率

　　超級資產分類三大類：價值儲存、基本金融資產與衍生性金融資產。其中基本金融資產分兩大類：權益（95%是股票）、固定收益型證券（50%是指政府債券），站在投資人立場，兩者在某範圍內替代，本單元說明。

一、全景

　　大一經濟學中提到豬肉跟牛肉是替代品，在牛肉價格變高、豬肉價格不變的情況下，對豬肉需求（所得效果）、需求量（代替效果）會提高；結果是豬肉價格上漲、牛肉價格稍下跌。

　　同樣的，把股票比喻成牛肉、債券（以公債為代表）比喻成豬肉，彼此某種程度替代，投資人會在兩者間取捨。

（一）債券殖利率（R）

　　債券殖利率只有「高、中、低」，即不會變成「負」的，這是許多以保本導向為主的機構投資人，如：退休基金、壽險公司、銀行、產險公司等，優先投資的標的。

（二）股票市場報酬率（Rs，S代表stock）

　　債券殖利率經過下列傳遞過程影響股票市場：

　　R↑→　Ps↓　→PER↓　→　股價指數↓

二、股市的利率模式

　　（一）股價指數代表：標普500指數。

　　（二）利率代表有：

・聯準會政策利率：聯邦基金利率，這是短中期利率指標。

・無風險利率代表：10年期公債殖利率，這是長期利率指標。

三、先把資料表做出

（一）權益溢酬（2010～2022年）

　　Rs = Rf + EP (Equity Premium)

15.55% = 2.2% + EP

EP = 15.55% - 2.2% = 13.35%

（二）股市與利率輕微負相關

　　由圖9-4可見，把標普500指數變動率與10年期政府公債殖利率畫成圖，勉強可說，只有2022年兩者負相關，殖利率3.88%，大盤指數跌19.44%。

圖9-4　美國10年公債殖利率與標普500指數變動率

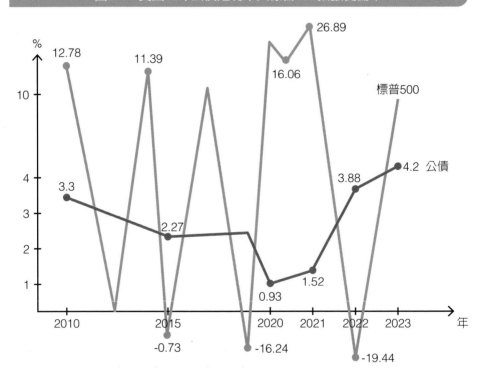

總體經濟分析Ⅳ：金融面
──公債殖利率與股價指數

以10年公債殖利率（簡稱公債殖利率）、標普500指數報酬率（簡稱股價指數報酬率）這兩個時間序列的資料長期來看，有許多統計分析（例如：相關分析）、計量經濟（共積等以消除虛假相關）。本單元以較簡單的10年平均方式，來看彼此的相關方向、幅度。

一、兩個變數說明

（一）變數操作性定義

1. 標普500指數報酬率＝指數變動率＋現金股利殖利率。

2. 10年公債殖利率，即各年平均殖利率。

（二）再來看震動幅度

1. 利率「正」值，且高點在13.92%（1981年）、低點在0.89%（2020年）。

2. 股價報酬率有正有負，高點31.49%（2019年）、低點-18.11%（2022年）。

二、10年平均

（一）公債殖利率趨勢：10%往2.5%低利率趨勢

由圖9-5可見，公債殖利率趨勢「每況愈下」。

1. 1970（1971～1980）、1980年代高利率時代：依序為12.145、10.306%，延續1970年代兩次石油危機所導致的成本推動型物價上漲，美國聯準會以高利率政策拉低物價上漲。

2. 1990年代中利率（6～10%）時代：6.41%，號稱「新經濟」時代。

3. 2000年代低利率（5%以下）時代：4.78%，這是2000年股災、2007～2008年金融海嘯，美國聯準會採取低利率政策救經濟。

4. 2010年代：低利率2.172%

（二）股價指數報酬率

1. 1980年代為高利率（10.306%）且高股價報酬率（18.19%）。

2. 1990年代為中利率（6.41%）但高股價報酬率（19%），主因是1994年起的網路業（例如：美國線上公司等）興起，本夢比當道。

3. 2000年代起為低利率時代，股價指數報酬率可分兩時期，21世紀初（2001～2010年），股市最悲情，平均報酬率1.21%，長期投資白忙了。2011～2020年，股價指數報酬率10.64%，在臺灣最簡單的說法是：「利率太低了，銀行定期存款戶解約，存款轉進股票市場。」

針對公債殖利率能否預測景氣，有許多論文討論，而且做得很細。但有鑑於利率與景氣（經濟成長率）之間相關係數低，這個題目不容易得到明確結論。

圖9-5 公債殖利率與標普500股價指數報酬率

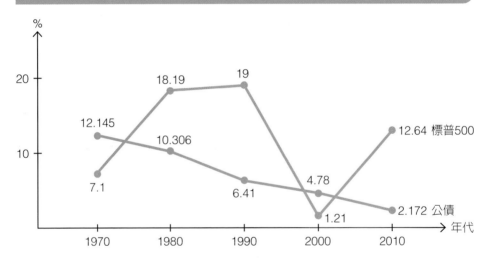

聯合國有193個會員國，不僅「80：20原則」適用，甚至「90：10原則」也適用。本單元從各國總產值占全球總產值比率兩個角度切入。

一、全球總產值的各國排名

（一）全球總產值2023年大約106兆美元

全球總產值每年約成長5.5%（包括2.6%實質成長、2.5%物價上漲等）。

（二）美中兩大國占全球總產值43.75%

美中兩大經濟國（Big Two）約占全球總產值43.75%，以雙引擎飛機舉例，號稱全球經濟的兩顆引擎。

（三）七大國占全球總產值61%

2021年印度首次成為第七大（超車義大利），2022年變第五，超車法國、英國。

二、全球股市總市值

（一）全球股市市值

· 全球：由於許多國家股市太小，不納入計算，各機構所指的「全球」股市，大抵指70個國家。

· 各國股市市值：各國股市市值計算方式、資料來源，詳見Unit4-2。

（二）美股占全球股市48%

由於美國股市占全球股市比重達48%，美股漲跌影響各國股市，所以一直以來都有「美股打噴嚏，全球（股市）重感冒」的說法。

三、華倫·巴菲特指標

把一國股市的市值當成該國財富中三大成分的公司財富代理變數，除以當年總產值（GDP），比較像公司「總資產／營收」，此比率已經在巴菲特指標中說明。

四、全球七大經濟國與臺灣的巴菲特指標

七大經濟國與臺灣的巴菲特指標，依高、中、低概分三群。

（一）美、臺大於150%：美、臺的股市市值高於總產值，套用《論語‧雍也》云：「『文』（外表）勝質（本質）則『史』（虛浮不安）。」

（二）日、印度、英、法75～150%：這四國股市溫溫的。

（三）中、德74%以下：簡單的說，中、德的股市市值偏低，中國可能是因2000～2023年新冠肺炎疫情採取動態清零政策，以致2022年經濟成長率1%、2023年也不佳，經濟缺乏強力動能，股市低迷。

表9-2 三個常見的社會經濟學指標

（三個社會指標跟美國景氣、股市相關）

指標	迷你裙指數 （Hemline Index）	口紅指數 （Lipstick Index）	肉毒桿菌指數 （CB Index）
時	1971年	2001年	2023年2月1日
地	美國田納西州諾克斯維爾市	美國	美國
人	M. A. Mabry田納西大學碩士	李奧納多‧蘭黛（Lenard Lauder, 1933～）雅詩蘭黛公司董事長	美國美容整形外科醫學會（ASAPS）
事	其碩士論文中指出：「1920～1970年道瓊股價指數與女人裙長（hemline）成反比。」	景氣不佳指標 2001年911事件後，美國景氣差，人們（女性）所得降低，會買些口紅化妝，讓自己漂亮些，有小確幸	2021年360萬人注射肉毒桿菌以求美貌，成長率40%，以女性為主，每次療程450美元
實證	2016年11月 中國大陸天津市南開大學陳好（Hao Chen）等三位教授的論文印證	2009年1月22日 英國《經濟學人》週刊引用實證，指出景氣跟口紅銷售無關	提出時間較近，有待後續研究

上述三個index可說是美國作者用錯字，正確可用「指標」（indicator），指數是統計學用詞，例如：消費者物價指數。

基本面分析：美股影響中日臺股市

美國經濟與股市是各國經濟及股市的火車頭（至少是領頭羊），本單元說明美股影響中日臺股市，並聚焦美臺。

一、三種程度的分析

（一）一個圖兩條線圖，分析水準20分

當你把美股、日股、臺股加權指數畫在一個圖面上，大抵可看出方向相同（即正相關），美股「領先」日股與臺股至少1日。

（二）跑相關係數，分析水準40分

兩個變數間跑相關分析，可分為正、負、無（不）相關，臺北市的恩平方財經公司，對外稱為「財經M平方」，提供各國總經、股市資料，加入會員後，便可使用其資料庫，進行相關分析等。

（三）學術論文，分析水準80分以上

我採取兩個標準來挑選實證論文，即時間較近、論文引用次數較高者。以表9-3B來說，吳詠筠（2009）的論文有點久了，但研究主題切合本書需求、研究方法正確，所以本書引用。

二、以2011～2020年美臺為例

（一）美國10年平均

· 經濟成長率1.75%：被2020年的-2.8%拖累，正常值2.1%。
· 公債殖利率2.172%：與正常經濟成長率相近。
· 道瓊指數報酬率10.7%：約是公債殖利率的6倍。

（二）臺灣10年平均

· 經濟成長率2.925%。
· 公債殖利率1.113%算很低，2000年以前5%以上，2009年跌破2%，只剩1.51%。
· 臺股指數報酬率6.07%，比美國道瓊、標普500指數報酬率低，有些奇怪。
· 股市報酬率／公債殖利率5.49倍。

表9-3A　美中臺產業、需求結構

單位：%

	轉換：產業結構			*產出：商品市場（by component）			
	1. 農業	2. 工業	3. 服務業	1. 消費	2. 投資	3. 政府	4. 出超
一、美國	1（2021年）	77.6	71	68.3（2023.2）	17.2 ・住宅3.9 ・其餘13.3	17.5	-3
二、中國大陸	7.2	40	52.7	38.2（2021年，簡記）	42.84	15.92	3
三、臺灣	1.41（2022年）	37.74	60.85	45.57（2022年）	27.84	13.77	12.82

*資料來源為財經M平方（MacroMicro），細到月資料，表中資料為2023年1月。

表9-3B　2011～2020年美臺經濟、利率與股市

單位：%

年	2011	2012	2013	2014	2015	2016	2017	2018	2019	2020	10年平均
一、美國											
1. 經濟成長率	1.55	2.28	1.84	2.29	2.71	1.67	2.26	2.92	2.29	-2.8	1.75
2. 10年期公債殖利率	2.18	1.8	2.35	2.54	2.14	1.84	2.33	2.91	2.14	0.89	2.172
3. 道瓊指數報酬率	5.53	7.26	26.5	7.52	-2.23	13.42	25	-5.63	22.34	7.25	10.7
二、臺灣											
4. 經濟成長率	3.67	2.22	2.48	4.72	1.47	2.17	3.31	2.79	3.06	3.36	2.925
5. 10年公債殖利率	1.365	1.21	1.53	1.61	1.38	0.887	1.05	0.96	0.72	0.42	1.113
6. 臺股指數報酬率	-21.2	8.9	11.8	8.1	-10.4	11	15	-8.6	23.3	22.8	6.07
7. 台積電股價（元）	75.8	97	105.5	141	143	181.5	229.5	225.5	331	530	84.65

2023～2026年美國景氣、利率與股市預測──由美股預測臺股指數

　　美國是許多國家股市的先期指數，一、兩天內各國股市可能受當地因素影響，但1週以上大都還是唯「美股」馬首是瞻。

　　我們嘗試畫5幅漫畫，意圖表現美國經濟成長率、道瓊、標普500、臺股指數和台積電股價歷年數字，發現拉得太複雜；因此化繁為簡，只取美股道瓊、臺股指數每年漲跌幅（註：這不是報酬率，因需考慮配發現金股利帶來指數下跌）。

一、美股

　　（一）13年（2009～2021）大多頭：道瓊指數從2009年初的9,035點，一路上漲13年，到2021年12月的36,338點，上漲302%，每年平均上漲23.23%。

　　（二）12年（2011～2022）指數平均變動率9.85%：這是排除2008～2009年股災、2010年跌深反彈。

二、臺股

　　（一）13年（2009～2021）大多頭：指數從2009年初的4,725點到2021年12月底的18,219點，上漲286%，每年平均上漲約22%。

　　（二）12年（2011～2022）指數平均變動率5.37%。

三、看美股買賣臺股

　　（一）美股跟臺股只有2011年漲跌不同方向。

　　（二）由於全球國家統計局等都會做未來2年以上經濟（主要是成長率、失業率和消費者物價上漲率）預估，再加上一些股市資訊、媒體公司會對債券交易、銀行等進行美國聯邦基金利率預測。

　　在這些總體經濟條件下，股市媒體再對美國標普500指數進行未來4年（細到每年四季）預測，詳見圖9-6。

　　（三）看美股來預測臺股、陸股。

　　在美股預測條件下，本書對臺灣集中市場大盤本益比、指數預測，如表9-4。

表9-4 2020～2026年美臺經濟、股市預測

年	2020	2021	2022	2023	2024	2025	2026
一、美國經濟							
（一）經濟（兆美元）	21.06	23.315	25.46	26.239	27.266	28.61	29.93
1. 成長率（%）	-2.8	5.9	2.1	1.6	1.1	1.8	2.1
2. 失業率（%）	8.1	5.4	3.6	3.8	4.9	4.8	4.3
3. 物價上漲率（%）	1.2	2.44	6.5	3.9	3.4	2.1	2.4
（二）金融面							
1. 聯邦資金利率（%）（年底）	0.09	0.09	4.33	5.6	4.75	3.5	2.5
（三）股市 標普500指數（點）							
1. 本益比（倍）（年底）	38.23	16.69	20.24	19.63	19.03	21	22
2. 指數（點）	3,756	4,766	3,839	4,500	4,900	5,500	5,750
二、臺灣股市							
（一）本益比（倍）	22.37	14.94	10.39	17.15	17	17	17
（二）指數（點）	14,732	18,218	14,138	17,500	18,000	19,500	20,500

圖9-6 標普500指數預測

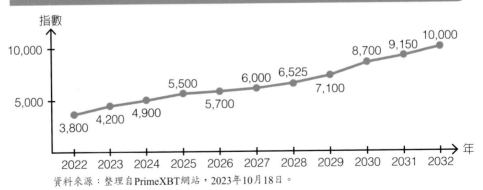

資料來源：整理自PrimeXBT網站，2023年10月18日。

基本分析之產業分析：手機業的產業生命週期

10-1 產業分析：投資含義

　　產業分析至少有五項對（基金的）投資組合之含義，由表10-1可見，幾乎一一對應，以下分單元詳細說明。

一、第10～12章的寫作目標

　　（一）選股績效之一：選對良田，享受3年；選到劣田，辛苦一生。

　　俗語說：「男怕入錯行。」這個「行」指的是行業，同樣的，投資人挑股票時，宜根據產業生命週期，選擇「導入」、「成長」階段，股價往上衝；成熟期有細水長流股利；針對衰退期行業，套用《論語・泰伯》所云：「危邦不入，亂邦不居。」

　　（二）舉一反三：本書以三個單元的篇幅，包括全球智慧型手機、手機業為對象，把產業分析課程的重要觀念說清楚、講明白，而且能學以致用。

二、投資組合

　　投資組合涉及各產業、公司持股期間、比率。

　　（一）持股期間（短、中、長期）與比率（詳見Unit16-4）

　　・長期（3年以上）的核心持股（core stocks或holding），占50%。

　　・中期（1～3年）的基本持股（primitive stocks），占30%。

　　・短期（1年以內）的攻擊性持股（aggressive stocks），占20%。

　　（二）足球隊球員分工：包括3種方式「343」、「334」、「235」，以「334」為例：

　　・前鋒3位：最多3人，扮演「射球得分」進可攻角色。

　　・中鋒3位：一般3人，扮演「進可攻（當前鋒），退可守（當後衛）」角色。

　　・後衛4位：最多5人，最少3人，扮演「少輸就是贏」角色。

三、產業分析五大觀念

　　產業分析有五項跟投資組合一一對應。

（一）產業生命週期

　　・導入期：公司營收成長率70%以上，可做攻擊性股票。

　　・成長初、中期：公司營收成長15～75%，股價成長20%以上，可做中期持股。

‧成長末期、成熟期：公司營收成長率15%以下，每股淨利穩定，適合長期持有。

（二）市場結構

‧獨占性競爭的公司，比完全競爭階段的公司多賺一些，短期持有。

‧寡占公司有寡占淨利，適合中期持有的基本持股。

‧獨占公司有獨占淨利，適合長期持有的核心持股。

（三）市場定位

市場定位跟市場結構推論相似。

（四）股本

‧小型股：股本小，股價比較容易拉抬，適合短線操作。

‧中型股：股本中，股價漲跌居中，適合中期持有。

‧大型（含巨型）股：股本大，股價不易拉抬。

（五）供應鏈

‧上游的設備公司、元件（模組）公司有技術優勢，適合長線操作。

‧下游的組裝公司、第一階（first-tier）代工公司地位穩；第二階公司（second-tier supplier）來來去去，宜短線持有。

‧下游品牌公司有消費者的常顧性，商品定價有品牌溢價，即有超額獲利率，可作為長期持有。

表10-1　產業分析對基金持股比率與期間之含義

持股期間	1年以內		1～3年		3年以上
一、投資組合					
1. 功能	攻擊性持股		基本持股		核心持股
2. 足球球員	前鋒 進可攻		中鋒 攻守兼備		後衛、守門員 退可守
3. 持股比率	20%		30%		50%
4. 基金名稱	積極成長型		成長型		收益型
二、產業分析					
1. 產業生命週期	（導入）成長初期		成長中期		成長末期 （成熟期）
2. 市場結構	獨占性競爭		寡占		獨占
3. 市場地位	1～10哥		1～3哥		1哥
4. 股本（億元）	15～50 小型股 （small cap）	51～100 中型股 （medium cap）	100～200 大型股 （large cap）	200～500 超大型股 （super-large cap）	500以上
5. 供應鏈	元件、模組 設備公司		組裝公司		品牌公司

®伍忠賢，2022年11月30日。

10-2 全球手機業的重要性
——蘋果公司影響美臺韓股市

以一個產業在一本書中一以貫之，可以讓人「舉一反三」，我們挑全球年資6歲以上「人手一機」的手機業，2024年全球81.2億人，約有68.2億支手機，普及率約84%；手機跟每個人息息相關，討論起來會很有感。

尤其全球股票市值第二大的蘋果公司，七成淨利來自智慧型手機iPhone，各國媒體很喜歡報導蘋果公司、iPhone等。美、韓、臺股幾乎以蘋果股價「馬首是瞻」，拿顯微鏡去看iPhone手機的競爭優勢，預估每季「銷量」（shipment）。

一、全球經濟角度：手機業的重要性

以2023來說，套用一般均衡模型的兩個市場。

（一）生產因素市場

・占勞工人數0.36%，就業貢獻低：全球80.7億人，其中約48%在工作，即約38.93億人。據估計，其中0.14億人直接從事智慧型手機工作，占全球勞工0.36%。

・以技術來說，蘋果公司等投入大額研發費用，在手機材質、功能上爭奇鬥豔，手機科技有帶動整體技術效果，這在美國等國很明顯。

（二）商品市場

2024年，智慧型手機業產值約0.47兆美元（12.41億支乘上376美元），約占全球總產值110兆美元的0.42%。

二、全球消費者角度

在生活中的所有產品，智慧型手機跟每個人最息息相關。

・時：2020年6月。

・人：美國《今日心理學》（*Psychology Today*）雜誌（1967年成立）。

・事：網路版報導，英國、加拿大65%的中學、大學生有「無手機恐慌症」（Nomophobia），即「沒有手機，便生活不下去」。

三、股市角度：美國

蘋果公司是美股的權值王，市值屢創紀錄。

- 2012年，蘋果公司市值0.48兆美元，美國媒體稱蘋果公司股票是美國的大金剛（gorilla in the room），而且會影響其他股票。
- 2018年8月2日，股價207美元，市值1兆美元；亞馬遜0.867兆美元、字母公司0.85兆美元。
- 2020年8月19日，股價468美元，市值2兆美元。
- 2022年1月3日，股價183美元，市值3兆美元。
- 2023年，標普500指數的成分股中，蘋果占11.8%，創下1980年以來指數紀錄。

四、股票角度：南韓／臺灣

（一）供應鏈角度：美國、臺灣

- 美股：美股中許多晶片公司（例如：高通、博通），都是手機零組件公司。
- 臺股：表10-2可見，臺股前十大權值股的第一大台積電（2330）、第三大鴻海（2317），都是靠蘋果公司訂單，兩家公司市值31.37%。

（二）美國手機對手國：南韓、中國大陸

2012～2022年起，南韓三星電子在全球手機業便是一哥（市占率約22%）。蘋果公司是二哥（市占率約18%），蘋果「紅」了，三星（臉）就「綠」了。全球十大手機公司的3～10名都是中企，占中國股市之市值不大。

表10-2　美韓臺股市權值王都是手機相關股

單位：%

國家	元件	模組	組裝	品牌
一、美國	─	1. 中央處理器 2. 通訊模組：高通	─	蘋果公司占標普500指數11.8%
二、韓國	─	1. 三星顯示器：螢幕模組 2. 記憶體模組：三星電子	─	三星電子占南韓股市15.47%
三、臺灣	台積電28.85%	─	鴻海2.52%	小計：市值31.37%

10-3 全球手機產業（流量）資料來源

全球4C產品每月銷售數字跟公司、消費者息息相關，有許多媒體每月都會報導。由表10-4可見，初期資料至少有4國6家公司，而且各家數字不同，令人不知聽誰的才對。本單元說明全球智慧型手機業流量資料來源，即不考慮銷量少（2億支以下）、單價低（一般30美元）的功能手機（feature phone）。

一、資料來源

（一）原始資料來源：主要是美國康乃狄克州的高德納（Gartner）顧問公司，公司股票在紐約證交所掛牌。

（二）次級資料來源：德國漢堡市Statista公司，依當年資料，單項付費49美元才能取得。

二、資料範圍

各家市場研究（market research）公司的數字出入，主要原因是資料涵蓋範圍不同。

（一）前十大公司占86%：基於「效益成本」考量，前十大公司出貨數量市占率在86%以上。

（二）依據地理範圍40國，占90%：以人口前三大國中、印、美為例，手機銷量、存量占62%，前四十大國占手機銷量90%以上。

三、資料性質

手機業的資料性質，主要是以損益表中的營收、淨利為主。

（一）營收（sales revenue）：以蘋果公司來說，可以手機查詢「Apple revenue break-down」，前十大公司的手機營收即可取得，加總便得到產業營收。

（二）銷量（shipments）：即手機品牌公司（mobile phone company，公司一字，少數用manufacture、brands）出貨量。

（三）平均售價（average prices）：這是營收除以銷量得到手機平均售價。

（四）淨利：2024年第一季智慧手機，如蘋果、小米、華為、三星及傳音，皆於淨利及出貨量有亮眼佳績。

表10-3　2023年全年智慧型手機出貨量與占比

公司排名	出貨量	占比
1. 蘋果	2.29億支	20%
2. 三星	2.25億支	20%
3. 小米	1.46億支	13%
4. OPPO	1.01億支	9%
5. 傳音	9,260萬	8%
其他廠牌	3.48億支	30%
全球	11.419億支	100%

註：2023年智慧手機全球產量達11.419億支，VIVO則被傳音擠下為第六名。
參考資料：《自由時報》，2024年1月31日。

表10-4　智慧型手機損益表之科目資料來源

損益表	國	公司	說明
一、營收 ⑴ 產值 　（sales revenue） ⑵ 銷量 　（shipments） ⑶ 手機平均價 　=⑴/⑵	一、美國 1. 康乃狄克州史坦福鎮 2. 麻州波士頓市 二、德國漢堡市 三、英國倫敦市 四、新加坡	·高德納顧問公司1979年成立 ·國際數據公司（IC）1964年成立 ·策略分析公司（Strategy Analytics）1968年成立 ·Statista公司2007年成立 ·Omdia公司 ·Canalys公司1998年成立	4、7、10、1月底公布上一季營收 例如：2020年營收4,091億美元、2021年營收則是4,480億美元
二、淨利	五、中國大陸香港	對位法（Counter Point Research）	例如：5月19日公布第1季Global handset profit share

10-4 全球手機存量：資料來源

　　公司一年損益表是流量觀念，公司年底的資產負債表則是存量觀念。同樣的，全球手機業年營收（含銷量）、淨利是流量觀念，各國人民的手機「門號」（subscribers、ownership、adoption、user age）數量，則是存量觀念。

　　本單元說明當各國該有手機的人（主要是7歲以上）都有手機，即普及率（perpetration rate，直譯滲透率）達70%以上，手機飽和了，銷售便進入衰退，本單元說明資料來源，後面章節再詳細說明運用。

一、手機是消費品中的耐久品

（一）美國商務部的定義

　　以消費品來說，依使用年限，3年以上稱為耐久品（durable goods），主要是「住」中的「家具與家飾」、「器具」（appliance）；「行」中的「汽（機）車」；「樂」中的「3C個人電腦」、「3C消費性電子」、「手機」。

（二）2018年起，3年換機

　　依2018年10月30日美國行動裝置公司HYLA mobile的第三季統計，換手機頻率約2.83年（2016年為2.39年）。主因有三：手機越來越貴、功能足夠、電信公司綁約2年。

二、公信力的資料來源

（一）2011～2015年，美國皮尤研究中心

　　2011年6月，美國皮尤研究中心（Pew Research Center）第一次調查美國成人的手機使用情況，逐漸擴大到人口四十大的國家。以2016年資料來說，是2015年3月25日迄5月27日調查4,545人（大約1個國家1萬人）而得到的結果。

（二）2017年起，聯合國旗下三個組織一年一次

　　國際電信聯盟每年一次去函給各國的電信主管機構，例如：美國的聯邦通訊傳播委員會（FCC），再加總各國資料而得。

三、其他資料來源

（一）產業界的協會

例如：英國倫敦市GSM協會（1995年成立），每年2月28日出版該年的*The Mobile Economy*，2023年報告約52頁。

（二）電信公司

兩國兩家公司合作：瑞典的愛立信，加上美國加州的Radicati Group公司。

四、使用資料的功力層級

你看別人的文章，尤其圖表下方的資料來源，大抵可判斷其使用資料功力，大略可分4級。一般來說，看一篇文章，我會看其資料來源，水準太低的，我不會「當真」！

．80分以上，使用一手資料，博士程度。

．60分，使用二手資料，碩士程度。

．40分，使用三手資料，大學程度。

．20分，使用四手資料，高中程度，套用俚語：「撿到菜籃子都是菜。」

表10-5　全球手機在各國存量、普及率之資料來源

資料	地／人	名稱
一、原始 （一手）	（一）2011～2016年 美國華盛頓特區皮尤研究中心	1. 以美國來說 每年11月21日Survey of US Adults
	（二）2017年起 瑞士日內瓦市國際電信聯盟（Inter Telecommunication Union, ITU）	1. Measuring digital development 2. World Telecommunication / ICT Indicators Database
二、二手	（一）聯合國旗下 1. 美國華盛頓特區世界銀行 2. 瑞士日內瓦市世界衛生組織（WHO）	1. Mobile Cellular Subscription per 100 people 2. World development indicators 同上
	（二）民間 尼德蘭阿姆白／Vewzoo公司	Global Games Market Report
三、三手	1. 德國漢堡市Statista公司	Mobile phone subscriptions worldwide
	2. 英文維基百科	List of contries by smartphone penetration

全景：1～5G手機產值——總體環境之四「科技／環境」之二「經濟／人口影響」

以一個大表，把影響一個行業各世代產品（表10-7第一列1～5G手機）的總體環境四大類中的之一「科技／環境」、之二「經濟／人口」，以五年為一時間級距來看趨勢，以這樣的資料庫建立方式，進行細項推論很方便。

一、生產國

表10-6可見，以2021年來說，中國大陸占全球產量67%，2022年4～5月上海市等城市封城（因新冠肺炎疫情影響），造成許多工廠斷鏈，加上其他因素，進一步加速工廠外移，手機工廠外移主要是到印度。至於全球第三大手機生產國越南，主要是南韓三星電子設廠。

二、消費國

表10-6中可見，中國大陸占全球智慧型手機銷量近28%，較其占全球人口比率17.3%約高10個百分點。相形之下，占全球人口17.6%的印度，由於人均所得為2,400美元，跟手機均價300美元相比，手機算貴，所以印度手機銷量占全球12%，比例偏低。

表10-6 全球智慧型手機主要生產／銷售國家

排名	國家	2024年人口	生產（2021年）		消費		用戶數
		（億支）	（億支）	%	（億支）	%	（億人）
1	美國	3.4	—	—	—	—	3.27
2	中國大陸	14.1	9.045	67	3.14	27.7	16
3	日本	1.23	—		—		1.47
4	德國	0.833	—		—		1.07
5	印度	14.3	1.61	12	1.62	12	12.8
34	越南	1	1.35	10	—		0.723
全球	—	81.3	13.5	100	13.5	100	—

表10-7　「科技」、「經濟／人口」對1～5G手機的影響

通訊世代	1G		2G		3G		4G	5G	
期間	1985～1991		1992～2001		2001.10～2010.9		2010.10～2019.3	2019.4	
一、科技／環境									
0. 全部	請參考圖10-4即可了解								
1. 功能型手機									
2. 智慧型手機									
二、經濟／人口	1985	1990	1995	2000	2005	2010	2015	2020	
(1) 總產值（兆美元）	12.86	22.78	31.04	33.83	44.78	66.60	75.18	84.90	
(2) 人口（億人）	48.71	53.27	57.44	61.43	65.42	69.57	73.80	77.95	
(3) 人均總產值＝(1)／(2)（美元）	2,657	4,314	5,400	5,533	7,337	9,621	10,323	10,936	
三、產業I（年）	1985	1990	—	—	—	—	—	2020	2023
(4) 產值（億美元）	—	—	—	—	1,912		—	4,821	—
(4.1) 功能型	—	—	—	—	888		—	730	—
(4.2) 智慧型	—	—	—	—	—		3,881	4,091	4,800
(5) 銷量（億支）					8.25	15.96	16.69	15.33	14.19
(5.1) 功能型	0.075		0.11		—	12.91	4.5	2.52	2.28
(5.2) 智慧型					—	3.05	14.37	12.81	11.9
(6) 智慧型滲透率＝(5.2)／(5)（%）	—		—		—	19	73.04	86.1	87.5
(7) 智慧型手機均價＝(4.2)／(5.2)（美元）	—		—		—		290	309	300
(7.1) 功能型	—		—		—		—	—	
(7.2) 智慧型	—		—		—		—	—	
四、產業II：存量	—								
(8) 累積（億支）	0.075	0.11	0.91	7.38	22.05	52.9	71.48	83.35	
(8.1) 功能型	00.75	0.11	0.91	—	—	40.2	36.45	22.85	
(8.2) 智慧型	—	—	—	—	—	12.7	35	60.5	
(9) 普及率＝(8)×(2)（%）	0.02	0.021	1.6	12.3	34	77.45	97.3	107	
(9.1) 功能型＝(8.1)／(2)	0.02	0.04	—	—	—	76	51.05	29.31	
(9.2) 智慧型＝(8.2)／(2)	—		—		—	24	48.95	77.95	

®伍忠賢，2023年1月9日。

10-6 產業生命週期

俗語說：「命好不怕運來磨。」選工作也是，只要選對行，大樹下好乘涼。投資股票也有同樣情況，同一行業的公司大都「命格相同」，因此，股票投資第一步是挑對行業。

一、站對山頭，勝過拳頭

如果你曾在「動物星球」、「國家地理頻道」，看到美國、加拿大的棕熊在河中捕鮭魚，只要站對獵場，魚還會自動送上門；反之，站錯地點，則只好餓肚子。同樣的，買股票可看成投資人撈鮭魚，哪裡魚多？哪裡魚少？答案很簡單，即圖10-1中的產業生命週期。

二、從產品到產業生命週期

（一）產品生命週期名詞來源

1966年5月，美國哈佛大學教授弗農（Raymond Vernon，1931～1999）在《經濟季刊》上發表International Investment and International Trade in the Product Cycle（第190～207頁），此文論述產品生命週期觀念來源，論文引用次數為17,000次。

（二）產業生命週期

至於產業生命週期（industry life cycle）則沿用產品生命週期觀念。

三、產業生命週期

正如人有「生老病死」等生命階段一樣，許多行業也有此現象，稱為產業生命週期（industrial life cycle），由圖10-1可見，大抵可分為四個階段。

（一）Y軸為營收成長率：整個轉軸中，「導入」階段產品年營收成長率50%，成長階段10～50%，成熟階段3～10%，衰退階段3%以下。

（二）命名：以人的發育階段來說，即「生長、老病、死」。

四、臺灣三大產業

由表10-8可見，三大產業依市值大小區分。

1. 電子業：六中類行業如表10-8。
2. 傳統產業：六中類行業如表10-8。
3. 金融業：以金融控股公司為主，不再細分。

圖10-1　產業生命週期

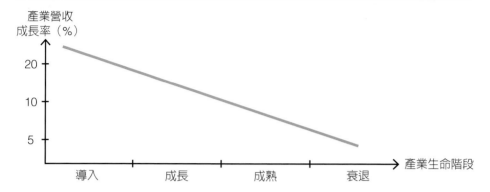

表10-8　臺灣股市三大類股產業生命週期與占比

單位：%

一、產業分析						
⑴Y軸：產業成長率	100%	70～100%	30～70%	10～30%	3～10%	3%以下
⑵X軸：每股淨利	10元以上	8元	6元	4元	3元	2元以下
⑶本益比	20倍	17倍	16倍	14倍	12倍	10倍
⑷股價＝⑵×⑶	200元	136元	96元	56元	36元	20元
二、三大產業						
電子業	（一）通訊網路業4.12		（二）半導體業37.34 （三）電子零組件業6.46 （四）電腦業8.41		（五）光電類2.17 （六）其他電子業4.4	
傳統產業	（一）化學0.8 （二）生技製藥0.74		（三）食品業1.5 （四）油氣1.64 （五）汽車1.67		（六）營建相關 1. 水泥0.86 2. 鋼鐵1.68 3. 建材營造1.31	
金融業	—		11.41		—	—

從1994年第一支智慧型手機（smart phone）（註：通訊世代2G手機）上市以來，2017年便進入產品生命週期的衰退期，本單元說明。

一、造成產品生命週期的原因

智慧型手機對個人來說是「耐久品」，至少可用1年以上，等到大部分人都有了以後，剩下的就只是「舊換新」，這時已進入衰退期。

- ·2010年，手機用戶數10億人，全球人口滲透率14.1%。
- ·2016年，手機用戶數36.68億，滲透率近50%。
- ·2023年手機用戶數66.4億人，全球人口80.7億人，滲透率83.3%。

二、近景：智慧型手機

影響智慧型手機普及的重要因素是通訊世代，有關通訊世代1～5G的文章多如牛毛，以時間明確來說，可參見德國柏林市Versus公司（2011年成立）網站「Cell phone history」（2020年8月4日）。

三、智慧型手機導入期：**1994～2008年，2～4G手機**

分兩階段：

- ·1994～2000年是2G世代，功能只能傳簡訊，CP值低。1994年，IBM賽門（Simon）手機是第一支2G世代的智慧型手機。
- ·2001～2008年是3G世代，能傳電子郵件、簡單上網。摩托羅拉公司的Timeport手機，在3G世代的最大功能為上網，2007年銷量1.22億支。

圖10-2　全球智慧型手機

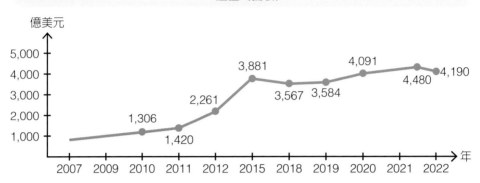

一、產值（營收）

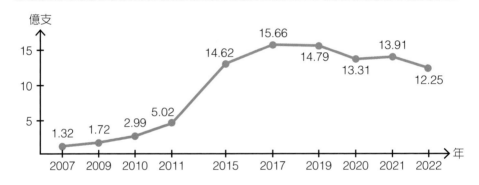

二、銷量

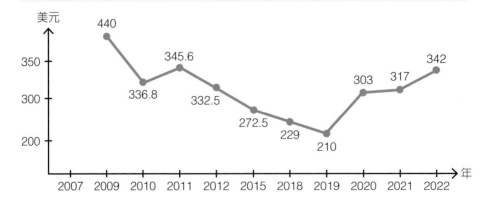

三、平均售價＝營收／銷量

10-8 全球智慧型手機產品生命週期：成熟、衰退期——5G與4G手機的黃金交叉

　　智慧型手機的產品生命週期很戲劇化，限於篇幅，僅針對導入期說明，本單元說明成長、成熟到衰退期，並且前瞻到2026年。

一、成長期：2010～2015年，4G手機導入到成熟中期

　　（一）　2008年11月，第一支4G手機上市。

　　（二）　iPhone是智慧型手機普及主因。

　　推動市場快速成長的是2007年6月29日的iPhone（2.75G），2008年6月3G版推出，2012年銷量1.25億支。

二、成熟期：2015～2016年

　　智慧型手機的成熟期只有2年，2016年銷售14.73億支。

三、衰退期：2017年起

　　2017年起，智慧型手機銷量進入衰退期，主因在於全球三大市場中、美、歐洲普及率高，接近飽和。2019年4月起，5G手機陸續上市，功能不令人驚豔，加上2020～2022年新冠肺炎疫情影響，經濟不景氣，人們延長換機期（提高到3年），手機、電信公司為了推5G手機，殺價賣4G手機，以致整體市場平均價格拉低。但預估2029年6G手機上市，售價將拉高，產值可能達到9,200億美元。

　　2017年全球手機衰退，iPhone手機銷量在2015年達第一次高峰2.315億支，之後衰退。但從2021年起，迎來第二次高峰，2021年銷量2.379億支，其中很大原因是在中國大陸市場中，三星電子手機市占率降到2%，蘋果公司手機補上，而且許多人有買iPhone手機的「炫富」心理。

四、4G與5G手機的黃金交叉

　　2019年4月，三星電子首度推出5G手機，最大優點是比4G手機更快。

（一）流量：市占率

　　由於手機、電信公司低價促銷5G手機，5G手機銷量狂飆，由圖10-3可見，2022年5G手機銷量6.5億支，超越4G以下手機的6.1億支。

（二）存量普及率

2022年1月，5G手機普及率（penetration rate）達51%，超越4G手機，限於篇幅，4G、5G手機的普及率圖不列出，可在網路搜尋「5G smart phone penetration」，參見第三條出現的香港對位法研究公司的圖。

表10-9　全球智慧型手機主要生產／銷售國家

排名	國家	2024年人口	生產（2021年）		消費		用戶數
		（億支）	（億支）	%	（億支）	%	（億人）
1	美國	3.4	—	—	—	—	3.27
2	中國大陸	14.1	9.045	67	3.14	27.7	16
3	日本	1.23	—	—	—	—	1.47
4	德國	0.833	—	—	—	—	1.07
5	印度	14.3	1.61	12	1.62	12	12.8
34	越南	1	1.35	10	—	—	0.723
全球	—	81.3	13.5	100	13.5	100	—

圖10-3　5G手機與5G以下手機黃金交叉

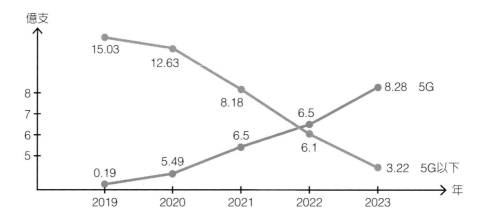

10-9 功能與智慧型手機產業生命週期2G及1G手機的黃金交叉

宋朝劉斧在《青瑣高議》書中云：「長江後浪推前浪，浮事新人換舊人。」這段話貼切說明新產品的銷量、存量經常超越舊產品。本單元以2G超越1G、5G超越4G手機的狀況，從年銷量、市占率兩個角度，說明產品生命週期。

一、4G手機的衝擊

（一）2009年10月～2019年3月手機規格與下載速度幾近

簡單的說，此時手機下載的速度已幾近。

（二）智慧型手機銷量超越電腦

2011年智慧型手機年銷量4.72億支，超越個人電腦的3.65億臺，從此個人電腦步入衰退期。

二、2013年智慧型超越功能型手機銷量

（一）2013年黃金交叉

由圖10-4可見，智慧型手機銷量9.7億支，超越功能手機8.47億支，對智慧型手機來說是「黃金交叉」，對功能型手機來說則是死亡交叉。

（二）以市占率方式呈現

把每年全部手機銷量以100%為基準，去計算各年兩種手機市占率，由圖10-5可見，2013年智慧型手機53.7%，超越功能型手機46.3%。

（三）以2013年的季度來看

2013年第四季，智慧型比功能型手機為57.6%比42.4%。

三、從產值來看市占率

以營收來說，2010年智慧型超越功能型手機。

（一）智慧型與功能型手機價格為45比1

以2010年來說：

・功能型手機：營收880億美元，銷量13.27億支，均價67美元。

・智慧型手機：營收1,024美元，銷量3.1億支，均價330美元。

（二）產值1,912億美元

功能手機占44.44%（2009年還有63.3%）、智慧型手機占58.56%（2009年只有36.7%）。

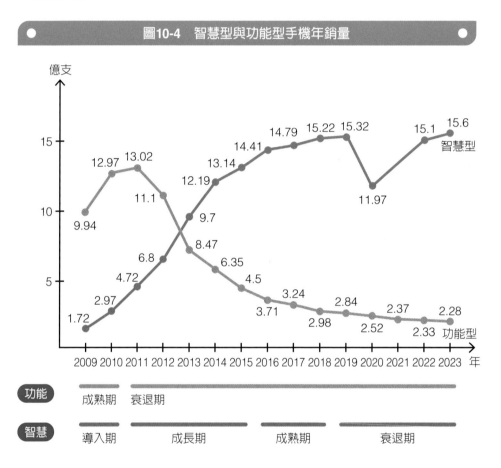

圖10-4 智慧型與功能型手機年銷量

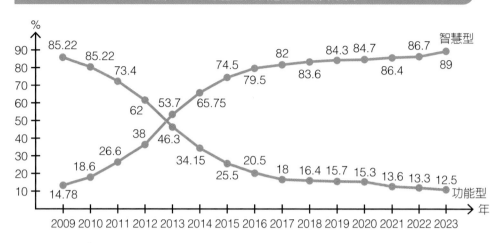

圖10-5 功能型與智慧型手機市占率

圖10-6 蘋果公司iPhone全球銷量

基本分析之產業分析Ⅰ：
科技、經濟／人口影響手機業
生命週期

手機單價「不高」（中企小米銷售的5G手機約166美元），因此影響全球人民購買手機的因素，主要是科技中通訊技術發展影響手機的產品生命週期。表11-1即是手機發展史的大表。

由於篇幅有限，我們畢其功於一役，把手機業的相關影響因素，總體環境之四「科技／環境」、之二「經濟／人口」，與各關鍵年或每隔5年的手機銷售、存量數字，以大表方式呈現。

一、表的X軸（第一欄）、Y軸（第一列）

（一）技術

稱為「第幾代」（generation mobile networks，後兩字改為wireless system），參見表11-1第一列

（二）斷代（表中第二列）

把1～5G手機出現的期間列出，這是以第一支大量銷售的手機為例，大抵可說，每10年一個通訊世代（generation），因此合理推估，6G手機會於2029年上市。

（三）1～5G手機功能

依4C順序列出。

二、近景：Web 1.0～3.0

手機頻寬擴張後，對網際網路影響如下：

（一）網際網路1.0，1G、2G手機

網路頻寬不足，1G手機只能打電話，2G手機增加可傳文字檔，例如：電子郵件、網路日誌（blog，音譯部落格）。

（二）網際網路2.0，3G手機

頻寬夠寬，可傳音樂、照片、影片（video），許多網路相關行業與應用程式如YouTube、臉書、Instagram（IG）、抖音應運而生。

（三）網際網路3.0，4G手機以後

4G手機已可下載長片觀看，短影片（14分鐘，short vedio，中國稱短視頻）可以即時收看，5G手機則可以即時看影片。

表11-1 1～5G手機的技術、功能

通訊世代	1G	2G	3G	4G	5G
期間	1984～1991	1992～2001.9	2001.10～2010.9	2010.10～2019.3	2019.4～
一、技術					
1. 數位	類比	數位	數位	數位	數位
2. 速度（Mbps）	—	0.2	2	12.5	170
3. 運用	—	文字（部落格）	影音（照片）	影音	同左，4K規格
4. 網際網路	1990.10～2004 網際網路1.0（web1.0）	2004～2008 網際網路2.0		2008年起 網際網路3.0	
二、功能					
（一）第1C	—	—	2004.2.臉書	2010.4 Instagram	2016.6抖音
1. 上網看新聞、氣象	—	—	✓	✓	✓
2. 上網	—	—	✓	✓	✓
3. 電子郵件	—	✓	—	—	—
（二）第2C					
1. 語音	✓	✓	—	—	—
通訊軟體	—	—	2011.1微信（WeChat）2011.6 LINE		
2. 簡訊	—	✓	—	—	—
（三）第3C					
1. 數位相機	—	2000.6 三星電子SCH-V200 35萬畫素			
2. 遊戲主機	—	2007 網飛（Netflix）：月費5.99美元			
3. 電視	—	2000.8.29 三星電子SPH-MICRO			
4. 收音機	—	2008.10.7 思播（Spotify）			
（四）第4C	—	—	—	—	—
1. 汽車導航	—	—	—	2000年起	—
2. 車用	—	—	—	—	—
3. 自動駕駛	—	—	—	—	2023.12
（五）金融	—	—	—	2014.10.20蘋果支付（Apple Pay）	
1. 銀行	手機支付	—	—	—	—
2. 證券	手機下單	—	—	—	—

®伍忠賢，2022年12月23日。

11-2 手機用戶分析Ⅰ：1～3G手機的市場定價

　　大部分產品的用戶（消費者），可依身分分成法人、自然人（家庭）兩大類，以新款耐久品來說，在產品壽命週期中，導入期、成長初期可能售價高，生產公司競爭緩和，以致用戶以法人（此處指企業）為主。等到進入產品成長中期，生產公司規模變大，有規模經濟效果，故售價低。

　　1～3G手機大抵有上述情況，本單元說明。

一、1980～1991年：1G手機

　　由圖11-1可見，1G手機市場定位是公司，尤其是由美、歐、日、中高階主管使用。

（一）通訊世代：1G手機

　　簡單的說，1G手機就是室內（固定式）手持電話的無線版，只有打電話功能。

（二）手機單價3,000美元

　　由於手機單價高，且電信公司月資費也高，手機主要銷售以經濟成長第五階段大量消費的美、歐（北、西歐）、日為主，尤其是公司的中高階主管洽公使用。

（三）手機銷量1991年高峰達幾千萬支

　　1G手機價高、銷量少，1991年高峰時，全球銷量約幾千萬支。

二、1992～2001年9月：2G手機

（一）通訊世代：2G手機

　　2G手機橫跨功能型手機（1992～1993年）、智慧型手機（1994年起），比1G手機多一項功能，即第1C個人電腦的功能：上網。業務代表在公司外，可上網傳文字檔、電子郵件等。

（二）用戶1：公司的基層員工

　　加拿大的行動研究公司（Research in Motion, RIM）推出大英文鍵盤的黑莓

機（black berry），適合英文文書作業，再加上電子郵件推播功能，很適合全公司人士使用。業務用市場第一，在美國總市占率維持數年排第三。

（三）用戶2：個人

2000年三星電子推出音樂手機，即手機加音樂播放器。由於入手門檻低，諾基亞迅速跟上，市占率50%。2001年，三星電子推出照相手機，即手機加上數位相機，諾基亞也即時跟上。這兩年的智慧型手機功能，已步入消費性電子領域，消費市場銷售快速成長。

二、2001年10月～2010年9月：3G手機

（一）通訊世代3G手機

2G手機可細分三階段，即：2.5G、2.75G、2.9G，尤其2.75G手機功能已接近3G手機。由圖11-1可見，已可傳影像（照片、影片），手機功能已接近手持電視。

（二）產品售價

2007年6月29日蘋果公司iPhone手機上市，入門款199美元，以全球人均總產值8,687美元來說，約可買近44支iPhone，即售價已比以往親民。

（三）銷量：2013年10.04億支，其中功能手機8.16億支

（四）2008～2013年，智慧型手機成長末期

2012年蘋果公司iPhone手機年銷量破億支（1.934億支），觸控螢幕加App商店已成手機標準配備，手機進入消費性電子階段。

圖11-1　1～3G手機用途三階段演進：年銷量

人的身分

企業
（含上班人士）

第1C：上網　←　第2C：通訊

4億支　2 | 1　**0.4億支**

3 | 4

10億支

第3C：消費性電子
數位相機
音樂手機

自然人

通訊世代	3G	2.75G		2G	1G
時	2001.10～ 2009.9	2007～ 2000		1992～ 2001.9	1984～ 1991
殺手級通訊		2007年 6月29日 iPhone	2000年 音樂手機 2001年 相機手機	1994年 智慧型 手機	1984～ 1993年 功能型手機

11-3 手機用戶分析 II：3～5G手機使用動機

隨著科技的進步，各項電子、電器產品的功能突飛猛進。以微波爐來說，很多人只有一個用途「加熱」，其他如「解凍」功能很少使用。手機的功能更廣，站在手機公司角度，從消費者調查去了解其需求動機、使用行為，才能推出「正好功能」（just enough function）的手機，不致出現「多餘功能」（redundant function），以致售價太高等。本單元以三年三個機構的手機市場調查，說明美、英甚至全球消費者對手機的功能需求。

一、資料來源

由表11-2可見，美、英、瑞典三個機構，在三年所做的調查，2022年比較多的調查是針對印度市場5G手機需求。

二、調查結果

由表11-3可見，三個機構所做的調查結果。

（一）第一列（隱含X軸）

依3、4、5G手機排列。

（二）第一欄（隱含Y軸）

這是以「4C」產品架構，再加上「其他」，包括金融（例如：1997年開始，可使用手機支付、股票電子下單）和醫療（例如：遠距醫療）。

表11-2　3～5G手機消費者調查

時	2006年4月	2019年4月	2022年8月11日
地	美國首都	英國樸茨茅斯市	瑞典斯德哥爾摩市
人	皮尤（Pew）研究中心	Gadget保險公司（gadget：小工具提供手機保險）	愛立信公司消費者實驗室（Consumer Lab）
事	針對3G手機	針對4G手機	針對5G手機
・報告	Internet & American Life Projects	—	Toward a 5G consumer future
・期間	2006年3月8日～20日	—	—
・地	美國	英國	37國，涵蓋17億人，4.35億5G手機用戶
・人（對象）	1,286人	—	49,000人
・調查機構	美國線上公司（AOL）手機電話		愛立信

表11-3　美、英與全球消費者對3～5G手機需求調查　（單位%）

項目 ＼ 時間	2006年4月	2019年	2022年8月11日
一、通訊世代	3G	4G	5G
二、功能需求：4C架構	—	—	大量網路能力高效率
1. 第1C：個人電腦上網	15	—	占60%
1.1 傳電子郵件	31	—	隨選的網路能力
1.2 讀新聞	20	58	（on-demand tailored network capabilities）
2. 第2C	12	另有54%看氣象	—
2.1 通訊	—	—	—
2.2 通訊軟體（LINE）	19	51	—
3. 第3C：消費性電子	—	—	—
3.1 手機遊戲	—	—	占50%，尤其是擴增實境（AR）帶來的元宇宙，預測2024年將取代頭盔式（headsets）
3.2 數位相機	14	—	V
3.3 看網路影片	4	61	V
4. 第4C	—	—	—
4.1 導航	10	—	V
4.2 汽車自動駕駛	—	—	V
5. 其他	—	—	—
5.1 金融（銀行、股票）	20	4.5	傳輸速度快、低延遲（latency），可靠度提高
5.2 醫療（遠距醫療）	—	—	—

11-4 影響耐久品在各國銷售順序

消費品依其耐用年限，可分為耐久（3年以上）、半耐久（1～3年）、消費品（1年以內），一般來說，汽機車、智慧型手機單價中上，須有一定經濟水準的消費者才買得起。本單元從兩個經濟學、一個社會學理論，說明1～5G手機主要市場發展沿革。

一、各國人民的購買能力

（一）羅斯托的理論

1960年，羅斯托（Walt W. Rostow, 1916～2003）提出經濟發展五階段。

（二）各國工業化程度

1979年起，聯合國統計局等依各國工業化程度（degree of industrialization），將各國分類。

（三）人均總產值

世界銀行依人均總產值來區分「高」、「中高」、「中」、「中低」、「低」所得國家，詳見表11-4第四列，表11-4第三列則是經濟發展階段的人均總產值分類方式（伍忠賢，2018）。

（四）表11-4第5～9列

這是參考英文維基百科各國GDP列表資料，再依四大洲整理的，其人均總產值是依2022年國際貨幣基金的數字。

二、創新擴散模型

1962年，美國俄亥俄州立大學社會系副教授埃弗里特‧羅傑斯（Evertt M. Rogers,1931～2004）在其《創新擴散》（*Diffusion of Innovations*）一書中提出的。

（一）創新（innovation）

這個創新包括：新技術（產品）、新觀念（例如：企管中的管理工具）、新事物。

（二）擴散（diffusion）五階段

表11-4中的第四階段晚期大眾（late majority）占34%；第五階段「落後者」（laggards）占16%，這是創新者2.5%與早期採用者13.5%兩者之和。

三、手機五個世代的主市場

從1～5G五個通訊世代來看，主市場跟工業化、經濟發展階段幾乎相互對應。

- ・1G手機：美國、北歐、日本。
- ・2G手機：歐洲。
- ・3G手機：亞洲中的中國。
- ・4G手機：亞洲中的印度。
- ・5G手機：開發中國家。

表11-4　經濟發展階段與4C產品採用國

工業程度	三、開發中國家		二、新興工業國	一、II工業國	一、I工業國
	II	I			
一、羅斯托經濟發展階段	農業	起飛前準備	起飛	邁向成熟	大量消費
二、所得水準	—	—	—	—	—
1. 伍忠賢（2018）	0.25萬美元	0.25～1.5萬美元	1.5～3萬美元	3～5萬美元	5萬美元
2. 世界銀行（2022）	1,085美元以下	1,085～4,255美元	4,256～13,205美元	13,205美元以上	
3. 國家數	52	79	25	18	19
・美洲	南美	中美洲（墨）	—	—	北美（美加）
・歐洲	—	東歐	東歐	中歐	西、北歐
・亞洲	南亞：印度	東南亞	中國	東亞（不含北韓）	日本
・非洲	54國（大部分）	北非	—	—	—
三、創新擴散模型	落後者	晚期大眾	早期大眾	早期採用者	創新者
占比率	16%	34%	34%	13.5%	2.5%
四、以手機為例	—	—	—	—	—
1. 通訊世代	5G	4G	3G	2G	1G
2. 期間	2019.4	2009～2019.3	2001.10～2009	1991～2001.9	1985～1991

®伍忠賢，2023年1月10日。

11-5 全球三大洲五國總產值發展沿革決定1～3G手機霸主

2001年起，在中國大陸北京市，清科公司開始舉辦「中國創業投資論壇」，其中一場論壇，小米科技公司董事長雷軍說：「創業，就是要做一頭站在風口上的豬，風口站對了，豬也可以飛起來。」

這個「風口」有幾個解釋，一是「時勢造英雄」中的「時勢」（circumstances），這包括「時間」、「空間」構成的「相對優勢」，以此來看1～4G手機全球三階段霸主，清楚易懂。

一、1G手機主市場在美國

（一）技術創新者

1894年，義大利馬可尼（Guglielmo G. M. Marconi, 1874～1937）發明無線電報，成為1909年諾貝爾物理學獎兩位得主之一。

（二）1906年，美國商業使用

在美國麻州，開始用無線電傳播。

（三）1890年代

大約在1890年代，美國超越英國（不是大英帝國），進而成為全球第一大經濟國。

（四）1～2G手機霸主美國摩托羅拉

美國摩托羅拉在美國有「時」、「空」（主場優勢），所以是1～2G手機全球霸主。

二、2～3G手機主市場在歐洲

（一）歐盟是第二大經濟體

歐盟（主要是德、英、法、義）一直是全球第二大經濟體，但為何1998～2011年全球2～3G手機霸主會出在芬蘭諾基亞呢？

（二）1992～2010年，歐洲是全球最大手機市場

2G手機因歐規1992年上市，比美國規格早一年出爐，諾基亞拔得頭籌，橫掃歐洲，之後又大舉進軍美國市場。

三、4G手機主力市場在中國大陸

（一）2010年起，美國占全球總產值24%以下

主因是亞洲經濟中印崛起，2009年中國大陸超越日本，成為全球第二大經濟國，占全球總產值9.14%，日本占8.65%。

（二）2012年起，中國成為全球第一大手機銷售國

2011年中國大陸占全球手機銷量18.3%，小輸美國的21.7%。這一年兩次大事，讓2012年起，中國大陸成為全球最大手機銷售國，市占率在25%以上。

　1. 國產手機便宜：2011年8月11日，小米首款手機上市，售價人民幣1,999元，蘋果公司iPhone 4S入門款售價649美元，以美元兌換人民幣計算，約人民幣4,193元，小米手機價格是其47.7%。

　2. 三大電信公司強力促銷，以擴大在3G手機的市占率。

（三）2018年起，印度成為全球第二大手機銷售國

全球市占率10.33%，超越美國。

（四）三星電子靠中、印打敗諾基亞

1995年起，三星電子的手機進軍中、印，1998年，進軍中南美洲巴西，初步全球化。2012年，中國大陸手機市占率排名如下：三星電子20.8%、聯想11%、酷派10.4%、華為9.8%、諾基亞9.1%、中興8.4%、蘋果公司7.5%。

表11-5 1～5G手機三代霸主的經濟／人口因素

通訊世代年	1G 1984～1991	2G 1992～2001.9		3G 2001.10～2010.9		4G 2010.10～2019.3			5G 2019.4～
手機霸主	美國 摩托羅拉	芬蘭 諾基亞		南韓 三星電子		同左			同左
年	1990 總產值	1998 總產值	1998 手機	2000 總產值	2005 手機	2010 總產值	2011 手機	2012 手機	2023 總產值
一、數量	22.78 兆美元	31.55 兆美元	1.628 億支	33.83 兆美元	8.166 億支	66.6 兆美元	17.74 億支	17.9 億支	106 兆美元
二、均值（美元）									
・人均總產值	2,580	5,297	—	5,533	—	9,621	—	—	13,000
・全球人均總產值	3,955	—	—	—	—	—	342	276	300
三、結構（%）									
1. 美洲	26.66	28.72	17.1	22.6	18.17	—	21.3	17.8	23.25
2. 亞洲	1.58	3.245	—	9.14	—	—	18.3	26.5	17.1
・中國	1.41	1.356	—	2.51	—	—	—	—	3.4
・印度	13.75	12.49	16.5	8.65	—	—	—	—	3.88
3. 歐洲	28.53	25.26	32.5	21.86	38.9	21.86	—	—	16

®伍忠賢，2023年1月8日。

影響手機銷量：普及率生命週期

以一家便利商店一日營收8萬元來說，來自1,000位顧客、每人平均購買80元。同樣的，全球（或一國）手機業產值來自每年約14億人，每人平均購買318美元，詳見圖11-2。

一、全景：全部手機

以全部手機（有時用手持裝置handset一詞）普及率來說。

（一）導入期：1985～2000年，16年

普及率由1985年的0.02%，到2000年的12.2%，其中兩個關鍵數字為1994年1%、1997年4%。

（二）成長期：2001～2014年，14年

由2001年15%，到2014年95%，其中的分水嶺數字是普及率14%。

（三）成熟期：2015年起

2015年普及率97.3%，之後成長率降至10%以內。

二、近景：2010年起，功能手機存量衰退

2010年10月，4G手機上市，可看IG等影片，功能手機相形見絀，邁入衰退期，連帶影響功能手機存量於2010年達40.2億支，歷史高峰。

三、近景：智慧型手機普及率

- ·廣義普及率（penetration rate）：存量除以人口數，包括預付卡手機（prepaid mobile phone）。
- ·狹義普及率：手機存量除以15歲以上人口數。

手機存量是以各國電信公司登錄數，英文稱為subscribers、users。2020年手機普及率107%，即每100人有107支手機。由於有些人擁有2支手機，所以用戶數可能超過人口數。

2021年全球人口40%擁有智慧型手機，預測2024～2029年複合成長率為4.10%。

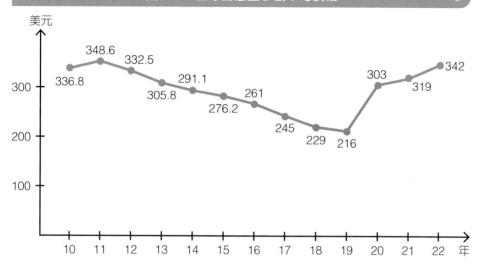

圖11-2　全球智慧型手機平均價格

美元

348.6

332.5

336.8　　　　　305.8　291.1　　　261　　　　　　　　303　　342
　　　　　　　　　　　276.2　　　245　　　　　　319

300

　　　　　　　　　　　　　　　229　216

200

100

10　11　12　13　14　15　16　17　18　19　20　21　22　年

表11-6　全球手機普及率

1985～2000年	2001～2014年	2015年迄今
導入期	成長期	成熟期
1994年1% 1997年4%	2012年5.2% 2013年19.8% 2014年24.5%	2021年40% 2023年55%

Chapter 12

基本分析之產業分析 II：
科技、經濟／人口影響手機業
生命週期

　　手機是個人用品，所以存量較多的大抵是人口大國，手機單價不高，但需要電信公司砸大錢。

一、流量

　　以2023年國際數據資訊公司（Canalys）數值為例：

1. 中國大陸占全球銷量25％：以2023年全球智慧型手機產值4,800億美元來說，中國大陸1,192億美元，占24.83％。

2. 銷量11.2億元（衰退6％）：這是因為2022年銷量11.9億支（衰退11％），2023年因基期低，才會看起來銷量成長率高，2024年起，年成長率4.46％，約11.7億支。

二、存量全景

（一）工業國家2國，普及率70％以上

　　美日在72％以上，扣除6歲以下、90歲以上，普及率幾乎到頂。

（二）新興國家4國，普及率50～70％

　　包括金磚四國（BRIC，巴西、俄、印度、中國）之中的三國（不含印度）及越南。

（三）開發中國家4國，普及率50％以下

　　這4個人口大國人均總產值低、經濟成長率低，許多人以共享門號（即多機一門號）方式來享受手機服務，使用者常是一家人，好處是省錢。

三、市場集中度

　　由表12-1可見，智慧型手機全球存量第四為印尼，占2.9％，與第三名印度9.9％差太大，可略而不顧；故只談前三大國美、中、印。

（一）62：39

　　智慧型手機比重前三大，美、中、印約占62％，全球其他國約占39％。

（二）特寫：美國

　　美國占38.28％，比中、印之和23.66％還大，這種情況只會小幅變動，主因

印度人民所得低，手機又一再升級，價格大約在300美元左右。印度人口超過中國大陸，但手機銷量卻只有後者的六成，2021年為1.62：3.34億支、2022年為1.6：2.63億支、2023年為1.75：2.7億支。

表12-1　2021年全球智慧型手機用戶數前十大國（含十名之外）

排名	國家	人口比重（2023年）（%）	智慧型手機比重（2021年）（%）	人口數（億人）	智慧型手機（億支）	手機普及率（%）	手機存量（億支）
0	全球	100	100	80.7	62.7	70.7	─
1	印度	17.92	9.9	14.30	6.204	44	2
2	中國	17.57	13.76	14.14	8.625	66	1
3	美國	4.12	38.28	3.33	2.4	72	3
4	印尼	3.42	2.9	2.76	1.82	66	4
5	巴基斯坦	2.97	0.75	2.4	0.473	21	─
6	奈及利亞	2.71	1.2	2.19	0.75	34	9
7	巴西	2.67	2.14	2.16	1.34	62	5
8	孟加拉	2.06	0.96	1.66	0.605	36.5	13
9	俄國	1.8	1.64	1.45	1.03	71	6
10	墨西哥	1.6	1.26	1.29	6.79	61.5	8
11	日本	1.54	1.41	1.247	0.947	76	7
15	越南	1.22	1.08	0.99	0.18	69	12

12-2 智慧型手機逼得個人電腦衰退
——個人電腦的產品生命週期

一、個人電腦的產品生命週期

晶片版的個人電腦1974年導入，2012年起進入衰退期，期間才不過38年。

（一）導入期：1974～1983年

包括1974年IBM公司Scelbi & Mark-8 Altair；1997年蘋果公司蘋果2號；以及1981年微軟公司推出的個人電腦軟體Word。

（二）成長期：1984～2006年

1984年戴爾公司成立，可說是行銷公司，1995年微軟公司推出軟體Windows 95。

二、年銷量成熟期：2007～2011年

（一）全球普及率

由於全球有70%的人口在新興、開發中國家，人民沒有網路或是買不起桌上型電腦；一般估計，其個人電腦普及率只有工業國家的三分之一。以圖12-2 2010年來說，美國76.7%，非工業國約25.3%，加權平均後27.3%。

（二）美國普及率

以2010年商務部人口普查局調查1.18億戶，其中低收入戶占13.7%，這些家戶較沒財力買電腦；所以家庭的個人普及率上限可能是86%，當普及率超過70%，已達成長末期，2007年69.7%。

（三）2020～2022年反撲

2020～2022年全球陷入新冠肺炎疫情中，許多人被迫居家上班、上課，必須使用個人電腦，於是銷量上升，2020年3.01億臺、2021年3.4億臺。2023年疫情過後，上班、上課正常，個人電腦銷量2.86億臺、2023年2.52億臺。

三、年銷量衰退期：**2012年起**

（一）總體環境之四：科技／環境

　　在圖12-1中，2010年智慧型手機進入4G通訊世代，功能已跟筆電相近，2010年銷量2.97億支，2011年4.71億支，爆量成長，人們以手機上網取代了個人電腦（含筆電）。

（二）個人電腦進入衰退期

　　由圖12-1可見，2011年個人電腦銷量3.65億臺，2012年3.51億臺，進入衰退期。

四、全球個人電腦普及率

　　全球、美國家戶個人電腦普及率，2011年全球普及率才39.2%，個人電腦年銷量衰退；到2023年普及率頂多到48%，已經到頂了。圖12-2的資料來源如下：

　　（一）全球：即聯合國旗下世界銀行的資料庫（Econ Stats），其中「personal computers」（per 100k people）項下之記錄資料，由圖12-2可見，2005年才有數字。

　　（二）美國：美國商務部普查局每年進行家戶住宅地的所有權調查時，會詢問家具、電器（含個人電腦）擁有情況，所以會有家戶個人電腦普及率的資料。

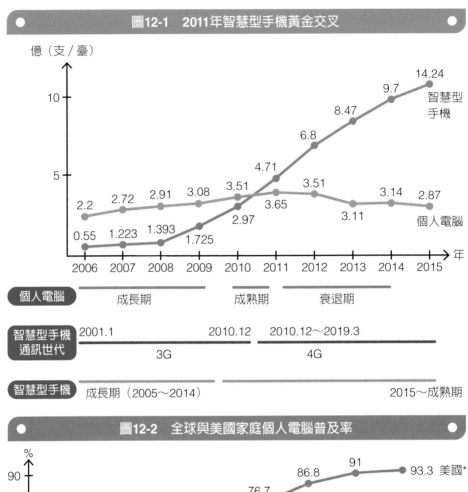

圖12-1 2011年智慧型手機黃金交叉

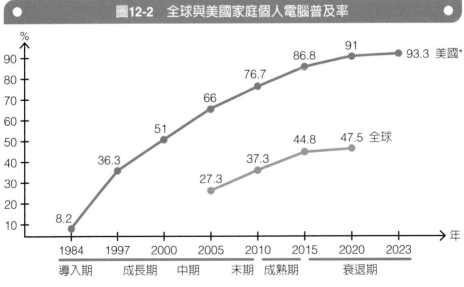

圖12-2 全球與美國家庭個人電腦普及率

*資料來源爲美國商務部普查局。

產業生命週期是各公司的「命」格，那麼各行業究竟是怎樣的市場結構，便是各公司所面對的「運」。由於內需產業（尤其是服務業）比較不受到進口商品影響，因此表12-2以內需產業為討論對象。

一、市場結構

在大一經濟學中，曾說過一個行業的市場結構可分為4種情況。

1. 壟斷（或獨占）：單一公司市占率超過50%，最有名的是加油站中的中國石油，市占率70%；其次是便利商店業者中的統一超商，市占率近52%。

2. 寡占：一個行業有2～7家公司，最有名的是電信業者中的中華電信、台灣大哥大、遠傳，3家自我約束，不削價競爭，每股淨利3元以上。

3. 壟斷性競爭：當一個行業有7家以上公司，採取廣告、差異化商品行銷策略，最有名的如國際觀光飯店。

4. 完全競爭：當一個行業有20家以上公司、產品相近，此時公司只能有正常淨利。

二、影響公司獲利兩大因素

（一）供需狀況

影響公司獲利的產業因素之一便是供需狀況。一般來說，在供過於求且產業成熟的情況下，各公司往往走上削價競爭一途，弄得產業一片「紅海」。公司最喜歡碰到「供不應求」的情況，此時處於賣方市場，有貨就能大聲。

（二）市場結構

由表12-2第三、四欄可見，4種市場結構跟商品售價、毛利率對應，也就是在壟斷情況下，一般來說售價較高。如台電、中油是國營企業，政府有支持企業、照顧消費者的政策任務，因此售價低。

三、在股票投資的運用

了解各行業的市場結構，在投資管理上的用途如下：

（一）道瓊工業指數

30支成分股來自30個行業，許多行業都是獨占（像電腦業中的英特爾、微軟；食品飲料業的可口可樂）、寡占（手機業中的蘋果公司），這些龍頭公司都有超額淨利。

（二）華倫‧巴菲特

在第六章中已說明波克夏公司盡量挑細水長流且進入障礙高的行業（像公用事業），尤其是這些行業市場結構是獨占、寡占，公司往往屹立百年。

表12-2　市場結構（以全球產業為例）

市場結構	定義	商品售價	毛利率	工業品市場	商品市場
壟斷或獨占（monopoly）	行業最大公司市占率＞50%	200元	40%	1. 晶圓代工台積電56% 2. 電腦CPU英特爾63% 3. 個人電腦軟體微軟75%	1. 零售型電子商務亞馬遜 2. 便利商店 7-11
寡占（oligopoly）	寡占係數＝前四大公司營收／行業產值≧40%	140元	25%	矽晶圓 1. 日本信越（Shin-Etsu）33% 2. 日本勝亮（Sumco）25% 3. 臺灣環球晶圓 18% 4. 德國世創（Siltronic）13%	全球智慧型手機 ‧三星19.4% ‧蘋果公司20.1% ‧三星電子10.4% ‧小米12.5% ‧OPPO 8.8%
壟斷性競爭	最大公司市占率10%以下	120元	20%	—	全球汽車 ‧豐田10.5% ‧福斯6.4% ‧本田5.3% ‧福特5%
完全競爭	每家公司市占率低於10%	100元（標準）	10%	—	大部分行業

12-4 2023年手機三強的市場地位

一、伍忠賢（2023）的行業內市場地位圖

圖12-3為本人（伍忠賢，2023）整理之行業內市場地位圖（market status map），說明如下：

（一）X軸：行銷策略力

行銷策略力包括市場定位（40%）、行銷組合（60%），可用單獨量表來評分，或以市場領導者做100分（即標準物），第二名以下以此為標竿去打折。

（二）Y軸：市占率，以20、10%為級距

在寡占市場，領導者市占率比20%多一點，挑戰者約18%，市場跟隨者約10%，至於5%以下的則是利基者。以中國大陸廣東省深圳市的真我（Realme）公司來說，2018年5月才成立，2022年晉升為全球第6名，主要是靠極低價滲透市場。

二、近景：聚焦手機三強（2023年第2季）

（一）市場領導者，三星電子市占率22%

2011年三星電子智慧型手機銷量已超過蘋果公司，可用「青出於藍而勝於藍」來形容。之後三星電子一直採取「機海戰術」，拉開跟蘋果公司iPhone的距離。

（二）市場挑戰者有兩家

- 蘋果公司市占率17%：iPhone特色有三，包括外觀出奇、電池續航力高、手機作業系統好用（相較於安卓系統），集中兵力於美、歐、中。
- 中企小米市占率13%：小米的優勢有二，一是所有中企皆有的，即成本優勢（零組件主要來自中國大陸，組裝公司為富士康、英業達），這超過三星電子的一條龍（產業至今仍是如此）。第二為市場效果（中國大陸市場占全球28%）、創新。（詳見2015年3月，小米董事長雷軍在全國人大代表會議中的發言。）

（三）三家公司「投入－轉換－產出」比較

由表12-3可見，分成三階段。

- 投入：由於缺乏各公司的事業群細部資料，所以用全公司營收、研發費用來比較。

・轉換：主要是把投入（五種生產因素）巧妙運用，一般來說便是指行銷策略。

・產出：以市占率來說，詳見圖12-3。

圖12-3　2023年全球五大智慧型手機的市場地位

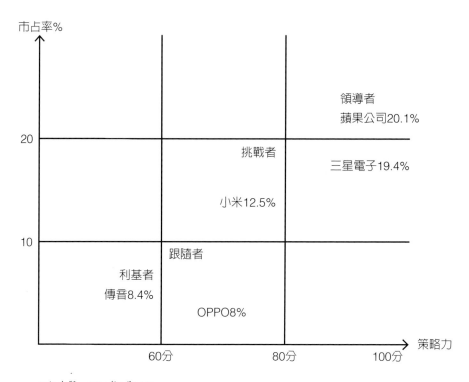

市占率%

領導者
蘋果公司20.1%

20

挑戰者

三星電子19.4%

小米12.5%

10

跟隨者

利基者
傳音8.4%

OPPO8%

60分　　　80分　　　100分　　　策略力

®伍忠賢，2024年1月14日。
資料來源：國際數據公司（IDC）2023年8月11日。

表12-3　2023年智慧型手機三強的市場角色

市場角色	市場挑戰者 小米	市場挑戰導者 三星電子	市場領導者 蘋果
0. 營收（億美元）	418	3,022	3,943
一、產品			
（一）手機功能	占營收54.4%	占營收22%	占營收51%
1. 先進功能（設計）	強調各國特殊功能	強調功能	設計美學
1.1 研發費用（億美元）	23.88	249	262.51
1.2 研發費用占營收比率	5.71%	8.24%	6.66%
（二）手機	機海戰術	同左	同左，2014年起
1. 主品牌	小米Note	Galaxy A	iPhone Pro Max
2. 副品牌	紅米	—	SE
二、定價（美元）	均價165.82	350	944
（一）高價手機	400～600美元	600～800美元	800美元以上
英文	affordable premium	premium	ultra premium
三、促銷			
1. 行銷費用（億美元）	10.746	416	295
2. 行銷費用占營收比率	2.57%	13.77%	74.48%
四、實體配置			
（一）地理涵蓋	中、印度、歐	全球	美（占50%）、 歐（占27%）、 中（占10%）

資料來源：小米集團2022年度報告，美元占人民幣比率採2022年6月（年中）之6.7元。

12-5 智慧型手機供應鏈——以美國蘋果公司iPhone15為例

每年5月起，幾個蘋果公司手機主要供貨地（美國、中國、日本、德國、南韓、臺灣）的證券分析師便會開始推測哪家公司會被「蘋果光」打到，有點石成金效果。本單元以2023年9月15日上市的iPhone15為例，說明蘋果公司手機供應鏈，詳見表12-4，此表重點有三。

- 第一欄：依供貨公司毛利率分成3級距。
- 第二欄：依材料性質分成電（子）、光（學）、機（械）。
- 第一列：供應鏈包括上游元件（component）、中游模組（module）、組裝（assemble）。

一、資料來源

（一）蘋果公司

每年5月29日左右，蘋果公司公布去年度（大約9月27日迄翌年9月26日）的《供應公司責任報告書》（Annual Supplier Responsibility Report），列出供貨公司名單（apple supplier list），全球200家公司，中企51家（2020年）、臺企48家。

（二）針對手機

共有兩家公司提供資料：

- 美國加州的iFixit，2003年成立，iPhone上市後4天內公布成本與供應公司。
- 日本的Formalhaut Techno Solutions公司，1994年成立。

二、iPhone的成本率

（一）營業成本率

每支手機平均售價900美元（iPhone Pro Max，1,199美元），營業成本588美元，營業成本率53%。毛利率47%，比全公司25.3%高。

（二）五大模組

4項零組件占成本零組件588美元的60%。

表12-4　2023年蘋果公司iPhone15 Pro Max手機供應鏈（售價1,199美元）

毛利率	領域	元件 （component）	模組 （module）		組裝
40%以上	一、電子				
	（一）		1. 晶片		1. 鴻海（2317）
	1. 處理器	・A16仿生晶片 130美元，占 10.84%	1.1中央處理器 （CPU）：6核心 1.2繪圖處理器 （GPU）：5核心	台積電（2330） 代工，3奈米製程	占58～60%
	2. 記憶體		・快閃（Nand flash）： 美國晶片	・SDRAM：日本 鎧俠	2. 中企立訊占 15～20%
	（二）通訊	・時脈元件：高通 ・功率封包追蹤 元件：高通、 Qorvo ・近場無線通訊控 制元件：恩智浦 （NXP）	2. 通訊晶片 高通 ・天線轉換模組 美國思佳訊 （Skyworks） ・功率放大模組	・音訊處理器、解 碼器等：蘋果公 司、Cirrus Logic ・超寬頻模組 （UWB） 環旭電子 ・射頻前端：美國 博通和思佳訊	3. 緯創：僅剩印 度
	（三）電池	・DC/D（轉換） 元件：德州儀 器、安素美 （Onsemi）	同上 ・螢幕電源供應器	・電源管理晶片： 德商戴樂格 （Dialog）半導 體、意法半導體	註：iPhone 13電 池
	（四）其他	觸覺引擎驅動元 件：美國亞德諾半 導體	・雙向電位轉換器 ・無線充電接收器：博 通	・陀螺儀：德商博 世（Bosch）	中企欣旺達
30～40%	二、光學				
	（一）相機	2. 影像感測元件 （CIS）：800萬 畫素、30美元，占 2.5% 日本索尼 ・LED照明驅動元 件等	相機模組：南韓樂金 大立光、玉晶光		—
	（二）螢幕		1.顯示器115美元，占 9.6% 三星顯示器OLED 註：左述玻璃上下蓋： 陸企藍思	・Display Port多 工器：恩智浦	
30%以下	三、機械				
	（一）機殼	50美元金屬中框： 鴻準、工業富聯	—	—	—
	（二）其他				

資料來源：部分整理自日本Formalhaut Techno Solutions公司，2023年10月17日。

產業分析：產業供應鏈的毛利率
——宏碁施振榮的微笑曲線

產業分析垂直來看，分成上游（機器設備、原料或稱元件）、中游（由數個元件組成的模組）、下游（組裝與品牌）。一般來說，只看中、下游之中的組裝、下游之中的品牌，其獲利能力（例如：毛利率）大抵呈現人的嘴唇微笑形狀，本單元說明微笑曲線用詞起源，並且以全球三大行業的一線公司為例。

一、微笑曲線名稱源起

臺灣的宏碁於1976年8月創業，1996年公司成立20週年，董事長施振榮出版《再造宏碁：開創、成長與挑戰》一書（天下出版），說明宏碁在產業鏈的「往來」（研發、專利）、「向右」（品牌）發展過程。其中，品牌發展如下：1981年自創品牌「小教授1號」；1987年品牌更名為Acer；書中他並提出「微笑曲線」（smile curve）一詞。

二、個人電腦

2023年全球個人電腦營收2,300億美元、銷售2.6億元，以上、中、下游代表公司為例。

（一）上游：美國的超微

個人電腦成本項目第一大的是中央處理器（CPU），全球霸主英特爾產品線太寬，以市占第二的美商超微（AMD）為代表。

（二）組裝：臺灣的廣達電腦

個人電腦的組裝主要是臺商和碩、廣達、仁寶等，此處以廣達（2382）為例。

（三）品牌：美國的惠普

2013年個人電腦龍頭是中國大陸聯想，以筆電來說，市占率23.9%，第二名是惠普（21.4%），這兩家產品線太廣，以市占率16.2%的第三名美國戴爾公司來說，毛利率22%。

三、第2C通訊中的智慧型手機

以占全球智慧型手機獲利近8.5成的蘋果公司iPhone為例。

（一）上游：通訊晶片模組

手機成本第三大項目是螢幕（第一大是晶片），主要有南韓三星顯示器公司供應給iPhone，股票未上市。可參見圖12-4中，手機項目以第二大的通訊晶片龍頭美國高通為例。

（二）中游：臺灣鴻海

代工公司，鴻海占7成以上，二線代工公司有臺企和碩、中企立訊等；但2022年起鴻海逐漸外移到印度。

（三）下游（品牌）：美國蘋果公司

四、第4C純電動汽車

（一）上游（模組）：車用電池

以全球車用電池業龍頭陸企寧德時代公司為例。

（二）下游（組裝）：中企比亞迪汽車公司

（三）下游（品牌）：中企比亞迪汽車公司

2023年第2季以全球市占率15%的中企比亞迪汽車為例。

圖12-4　三個行業的產業鏈微笑曲線（Y軸：毛利率）

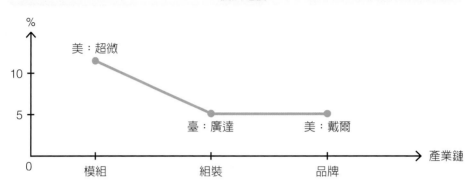

一、個人電腦

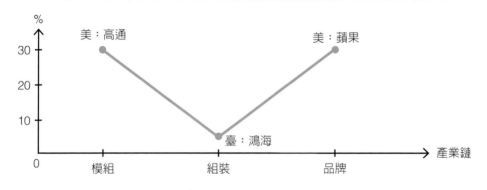

二、手機

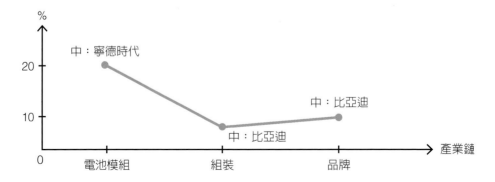

三、純電動汽車

Chapter 13

股票投資價格衡量 ── 臺股權值王台積電 歷史本益比

臺股權值王台積電 —— 台積電的重要性

西漢《淮南子·說山訓》（西元前139年）中有句話說：「見一葉落，而知歲之將暮。」這是成語「一葉知秋」的典故。同樣的，看一國的股市漲跌，權值王便是那個「一葉」。以臺灣的股市來說，就是台灣積體電路製造公司（簡稱台積電，公司自稱台積，股票代號2330）。本書、本章以此公司為主軸，一以貫之，本單元先拉個全景，詳細說明其重要性。

一、全景

我喜歡看全景，投資管理的全景分類大致如下：

（一）實體經濟

這便是擴增版一般均衡架構，詳見表13-1中第一欄上半部：依序是「投入」（生產因素市場）、「轉換」（產業結構），台積電在臺灣、全球，都是各方面排頭。

（二）經濟金融面

由表13-1可看到分成台灣、國外兩部分，台積電占臺股市值約28%，南韓三星電子集團占南韓股市20%以下。全球很少有一國股市單靠一支股票，以臺股三大類股（電子占61%、傳統產業27%、金融12%）來看，一支台積電可以抵300支傳產股的個股市值。

二、特寫

一般來說，全球股市市值前十大的股票只要打進前五名，就比較不會跌出前十名。台積電2020年7月27日進入前十名，便一路衝到第八名，名次比較重要，股票市值起起伏伏，隨時查一下就有。

表13-1　全球與臺灣台積電的重要程度

(1)、(2)單位：兆元

兩大類	資料來源	(1) 母體	(2) 台積電	(3)=(2)/(1)(%)
一、實體經濟				
（一）生產因素市場：投入				
1. 公司所得稅所得	財政部賦稅署，公司所得稅（2022年）	1.0247	0.1273	12.42
2. 資本	主計總處	6.52	1.0812	16.58
3. 企業家精神	證券交易所	—	—	—
4. 研發費用	行政院國家科學及技術委員會	(1) 全臺0.87 (2) 上市公司0.672	0.1553 0.1553	17.85 23.1
（二）轉換				
1. 全球半導體產業中，晶片製造業之晶圓代工	1.1 國際半導體產業協會（SEMI）（億美元）	5,151	678	13.16
	1.2 集邦科技（Trendforce）	1,133	678	60
二、金融面				
（一）全球十大權值股（2023年11月4日）	・德國漢堡市Statista公司 ・Companies Market Cap，7,917家上市	98.385（兆美元） 8,000支股票	0.60（兆美元）	0.601全球第十六大
（二）臺股權值王	2024年2月5日，指數16,649點	股價646元	市價16.77兆元	股本251.3億元

13-2 全景：三種倍數法，台積電個案

外資券商研究報告指出，2024年台積電投資價位818元，這是怎麼算出來的？本章回答股票投資價位這個問題，簡單的說，每支股票當股價夠低，預期報酬率符合投資目標時，這支股票便可列入持股。

一、三種倍數法

套用《公司鑑價》一書中的分類方式，這屬於鑑價二大類方法（市價法與獲利法）中的獲利法，獲利法又可分為二類。

（一）損益表：包括本益比法、股價（每股）營收比法等二小類。

（二）資產負債表：股價（每股）淨值法。

二、三種倍數法適用情況——永遠只有一條路

三種倍數法可用於估算某一支股票的投資價位，各有適用時機。

三、台積電情況

表13-2之中的三種倍數法以二種財務報表的科目排列，採取圖像記憶，並且以台積電六年（歷史、預測）數字舉例說明。

表13-2　三種本益比法

三種倍數法	適用情況 產業生命週期	股市	適用機率
一、損益表			
⑴ 股價（每股營收比）	導入期，公司虧損（沒有本益比中的益）	本益比的股票	1%
⑵ 本益比	成長、成熟期階段公司	多頭時，漲時「重勢」	90%
二、資產負債表			
⑶ 股價（每股）淨值比	衰退階段，公司虧損，但資產不少	空頭時，跌時「重質」	9%

四、2024年台積電投資價值

（一）估計期（2019～2023年）

（二）預測值（2024年）。

（三）營收倍數法：（預測每股）營收×營收倍數＝98.82元×8.28倍＝818元。

（四）本益比法：（預測每股）淨利×本益比＝36.83元×22.18倍＝817元。

（五）帳面價值法：（預測每股）淨值×淨值倍數＝137元×5.85倍＝801元。

表13-3　三種倍數法：以台積電為例　（單位：億元）

| 年 | 估計期 | | | | | 5年平均 | 預測期 |
項目	2019	2020	2021	2022	2023		2024年
一、基本資料							
⑴ 股價（元）	331	530	615	448.5	650	—	—
（一）損益表							
⑴ 營收	10,700	13,939	15,874	22,639	21,146	—	25,625
⑵ 淨利	3,453	5,179	5,965	10,163	17,899	—	9,550
（二）資產負債表							
⑶ 業主權益（即淨值）	16,214	18,496	21,683	29,065	31,893	—	
⑷ 資本額（億元）	2,593	2,593	2,593	2,593	2,593	2,593	259.3
⑸ 股數（億股）＝⑷／10元	259.3	259.3	259.3	259.3	259.3	259.3	259.3
二、營收倍數法							
⑹ 每股營收＝⑴／⑸	41.26	51.65	61.22	87.31	81.55	—	98.812
⑺ 股價（每股）營收＝⑴／⑹（元）	8.02	10.26	10.04	5.14	7.97	8.28	—
三、本益比法							
⑻ 每股淨利（元）	13.32	19.97	23.01	39.2	30.46	25.192	36.83
⑼ 本益比＝⑴／⑻	24.87	26.54	26.73	11.44	21.34	22.18	
四、（每股）淨值倍數法							
⑽ 每股淨值＝⑶／⑸	62.53	71.33	83.62	113.6	123	90.816	—
⑾ 股價（每股）淨值＝⑴／⑽	5.29	7.43	7.35	3.95	5.18	5.85	—

註：2023年、2024年營收、淨利等預測值，來自FactSet Research Systems公司2023年7月11日對34位證券分析師的調查。

13-3 兩個無關的報酬率 —— 現金股息殖利率與權益報酬率

　　限於篇幅，我的書很少提「不是什麼」，只談「是什麼」。但在選擇股票時，有兩個普遍觀念我卻不以為然，本單元加以說明。

一、股利殖利率在美國有參考價值

　　美國人（尤其是華倫·巴菲特）喜歡以股息報酬率3%作為標準來挑股票，這有跟無風險利率（美國以10年期公債殖利率為代表，2023年約4.57%）相比的味道。股息報酬率適用於美國，因為美國公司幾乎100%採取現金股利；有需要用錢，再採取增資方式向投資人募資。

（一）定存概念股：yield rate > 3RF

　　有些「存股族」以高現金股利報酬率（cash dividend yield rate，簡稱「殖利率股票」）作為投資對象，這些股票稱為定存概念股，以本段標題來說，股票殖利率大於3倍，無風險利率（Risk-free, RF）才有吸引力。

（二）當有股票股利時

　　當你買股票後，有領到股利時，一般來說，若除權2元，除權前台積電600元，除權後股價500元，乘上1,200股，等於一張股票1,000股600元，仍未改變現金股利殖利率。

二、權益報酬率不能算出投資價位

　　每年都有書刊以上市上櫃股票優於過去五年權益報酬率15%、甚至25%作為分水嶺，挑出120家公司，嚴選股票，甚至可做趨勢分析。例如：國泰金、豐泰等漸入佳境。權益報酬率挑股票的限制，在於「無法算出投資價位」，但本益比法可以，所以本益比普及率極高。

三、算報酬率時，分母是平均權益

　　權益報酬率：由表13-4可見，以2023年權益報酬率來說，年初權益29,605億元，年底34,833億元，平均32,219億元，一年內賺8,378億元，權益報酬率26%。

表13-4　2024年1月2日台積電權益報酬率

單位：億元

時間／年	歷史／2023年	預測／2024年
一、損益表		
⑴ 淨利	8,378	9,947
二、資產負債表		
⑵ 平均「業主權益」（equity, E）	$\dfrac{2022年＋2023年}{2}$ $=\dfrac{29,605＋34,833}{2}$ $=32,219$	$\dfrac{2023年＋2024年E}{2}$ $=\dfrac{34,833＋4,1450}{2}$ $=38,412$
⑶ 權益報酬率（return on equity）＝⑴／⑵（%）	$=8,378 / 32,219$ $=26\%$	$=9,947 / 38,412$ $=25.9\%$
三、現金流量表之三籌資活動		
⑷ 每股現金股利（元）	11.25元	14元
⑸ 買股股價（元）	541元	825元
⑹ 現金殖利率（cash dividend yield）＝⑷／⑸（%）	2.08%	1.70%

註：表內2024年⑵、⑸為本書預測。「E」代表預測。

特寫：本益比vs.益本比——以台積電為例

　　從上市公司獲利率來挑股票，常見三種方法，看似方法多，但拿放大鏡看才體會到：「一直只有一條路」，即本益比的另一面「益本比」。本益比法可說是全球最普遍使用的股票投資價位估算法，也是本章的主軸，因此，有必要詳細說明。

一、蜜蜂、蜂蜜傻傻分不清楚

　　我曾碰到一位僑生寫作文時，蜜蜂、蜂蜜錯用，例如：「蜂蜜」採蜜提煉「蜜蜂」，被老師評為「不通」。同樣的，在投資管理領域中，也有相同狀況，即益本比、本益比。

二、了解本質最重要

　　由表13-5可見益本比、本益比的公式、本質。

（一）以益本比為例

　　任何學科都有「某某比」，這不用背公式，以益本比為例，先講的「益」一定是「分子」，後講的「本」一定是分母；少數例外的不用計較。

（二）本質

　　益本比的本質是報酬率，以台積電為例，2014年1月2日以600元買進，這是你的（持股）成「本」；本益比的「益」有兩種基準。

1. 歷史本益比：由表13-6可見，由於季報才有淨利，季報有1.5個月的時間差，所以2024年1月2日買台積電時，歷史每股淨利是2022年第4季到2023年第3季，即32.34元，600元買股，本益比18.55倍。

2. 預測本益比：預估2024年台積電淨利9,550億元（詳見表13-6），買台積電一股600元，此處我們做一個「特別假設」，即2023年底股數擴大到279.3億股，年初與年底平均股數269.3億股，每股淨利34.20元，本益比17.54倍（600元 / 34.20元）。

三、以一年期定期存款舉例

　　就近取譬，我們最常碰到的益本比便是銀行存款，以2024年臺灣銀行一年期定期存款利率為例。

（一）利率即存款報酬率

　　你拿100元去銀行存固定利率定存，一年期利息1.5元，本質便是以100元的成「本」去賺1.5元的「益」，這就是存款的益本比，銀行稱為定存「利率」。

（二）存款本益比

　　換另一個角度，100元的存款，一年收1.5元利息，要66.7年才能賺到100元，這便是銀行定存的本益比，只是很少人這樣說。

四、益本比下的定存概念股

　　股利殖利率包括公司支付的現金、股票股利，比較適用於臺股。不過，其觀點是股票股利往往來自資本公積配股，而資本公積是前幾年的公司儲蓄。我們習慣用過去三年平均的益本比，只看各年賺錢能力（即每股淨利）跟股價比率。當然，這會忽略前述支付面的股利殖利率所隱含之其他增值；例如：股票溢價發行先寄放在資本公積此科目中。

五、中國大陸稱本益比為市盈率

　　股票本益比縮寫為P/E，中國大陸、香港稱作「市盈率」。「市盈率」來自股票「市價」除以每股「盈餘」，這可以懂，但除出來的數字結果其實是「倍」，不是「率」（ratio），所以市盈率這個詞有點不易讓人懂。

表13-5　益本比與本益比的本質

項目	益本比（EPR）	本益比（Price Earning Ratio, PER）
1. 公式	＝EPS（每股淨利）／P（價格）	＝P／EPS
2. 含義	報酬率	還本期間
3. 一年期定期存款	1.5元利息／100元存款＝1.5%	100元／1.5元＝66.7倍

13-5 大盤本益比、殖利率與股價淨值比

股票市場的「價」（加權指數）、每股淨利、每股淨值、本益比，都是把所有上市公司的相關資料加以計算，但計算方式跟單一股票不同，本單元說明臺股大盤本益比、現金股利殖利率、股價（每股）淨值比計算方式，詳見表13-7。

一、資料來源

大盤本益比隱藏在臺灣證交所資料庫的一個小細項中，依下列步驟可以查到大盤、各股資料。

1. 第一步：在證交所網站搜尋「交易資訊」。
2. 第二步：第10項統計。
3. 第三步：第5項上市公司月報。
4. 第四步：第1項「本益比、殖利率與淨值比」。

二、以2021年12月30日為基準

由表13-7可見，2021年12月30日有6個歷史紀錄，而且2024年才有可能回復。

1. 加權指數18,218點。
2. 股市市值56.28兆元。

三、以台積電為例

看大盤太抽象了，所以表13-7先以臺股權值王台積電的情況說明。

四、由1擴大到n：大盤

由表13-7可見，在計算大盤的本益比、股價（每股）淨值比時，由於大盤「股價」不存在，所以用大盤股票市值（股價乘上股數）作為代理變數（proxy variable）。

表13-6　台積電歷史紀錄：2024年Q1每股淨利

名稱	歷史淨利					目前	預測淨利
時	2022年Q4	2023年Q1	2023年Q2	2023年Q3	2023年Q4	2024年Q1	2024年
⑴淨利（億元）	2,959	2,069	1,817	2,108	2,383	2,255	9,550
⑵平均股數（億股）	259.35	259.35	259.35	259.35	259.35	259.35	279.3（舉例）
⑶每股淨利＝⑴／⑵（元）	11.41	7.98	7.01	8.13	9.19 合計 32.34	8.69	＝9,550億元／279.3億股＝34.20元

表13-7　2021年12月30日台積電、大盤的三個指標

範圍	本益比（PER）	現金股利殖利率	股價淨值比
一、台積電	＝股價／每股淨利＝PS／EPS＝615元／23.01元＝26.728倍	＝現金股利／股價＝D／PS＝11元／615元＝1.79%	＝股價／每股淨值＝PS／BPS＝615元／83.62元＝7.355倍
二、大盤（約970支股票）	市值／所有淨利＝65.28兆元／3.676兆元＝14.94倍	現金股利／市值＝1.497兆元／56.28兆元＝2.66%	市值／所有淨值＝56.28兆元／23.647兆元＝2.38倍

13-6 本益比與股價淨值比預測指數：以指數、台積電為例

當你開車準備右轉時，你應該會看右後照鏡以及車內後照鏡，這是因為兩個鏡子的角度不同，看二個鏡子，才比較不會有死角，右轉才安全。同樣的，在股市中，基本分析用來作為股價評價的三個指標，其功能在於相輔相成。本單元以其中較常用的二個，應用於預估大盤走勢。

一、左顧右盼更穩當

在圖13-1中，我們同時考慮股價淨值比、本益比，用以預測股市（或個股）的走勢。

（一）X軸：股價淨值比

股價淨值比的公式詳見表13-7，跟加權指數一樣，大盤的股價淨值比，乃是1,120支上市股票之股價淨值比加權平均的結果。

（二）Y軸：本益比

本益比公式詳見Unit13-4，與加權指數一樣，大盤的本益比是1,120支上市股票本益比依市值加權平均的結果。

二、指數：趨中趨勢

如同開車時因路線、車況與身體狀況不同，有時你會偏車道右側、有時會偏左側，但你總希望維持在車道中間行駛；股市也有此趨中趨勢、回復均值（mean-reverting），掉到兩個極端區域時尤然。以2011～2021年正常期末來計算：

    1. 股價淨值比平均值1.6985倍。

    2. 本益比平均值17.315倍。

三、2007～2022年分析

（一）泡沫區，2012、2021年

由圖13-1可見，從過去股票泡沫經驗可知，當股價淨值比在1.7倍以下、本益比22倍以上，股市逐漸進入泡沫區；投資人有「高處不勝寒」的危機意識，一個大量出來，往往就是崩盤了。

（二）超跌區，2008年

崩盤結果往往是「悲觀時更悲觀」，即股票超跌，股價跌過頭了，大盤進入「超跌區」。2008年股價淨值比1.09倍、本益比9.8倍，殖利率9.83%，連最保守的投資人都覺得股利殖利率是銀行定存利率5倍以上，蜂擁進入股市，股市便跌深反彈（幅度15%以內），甚至回升邁入多頭。

（三）正常區

股市泡沫情況很罕見，有人說10年、20年一次，絕大部分情況下，股市都在圖13-1中的右上、左下兩個斜線區外。走到快接近泡沫區時，股價「利多不漲」，漲不動了，大戶「驚衰先落跑」，行情往下走。反之，在空頭時，股價快接近超跌區，法人搶買，股價「利空不跌」，股價跌無可跌，行情會往上走。

四、以台積電為例

（一）取樣期間

當你把台積電20年本益比算出，會發現有個結構化的改變，即2016年全吃蘋果公司A系列晶片代工，2017年股價突破200元，本益比突破16倍。

（二）多頭、空頭分別計算

1. 2011～2021年多頭期間，X軸（本益比）平均17.8倍，Y軸（淨值比）4倍。
2. 2022年空頭，本益比11.4倍，淨值比3.95倍。

（三）2023年初升段

2023年第3象限（超跌區）先往第2象限發展。

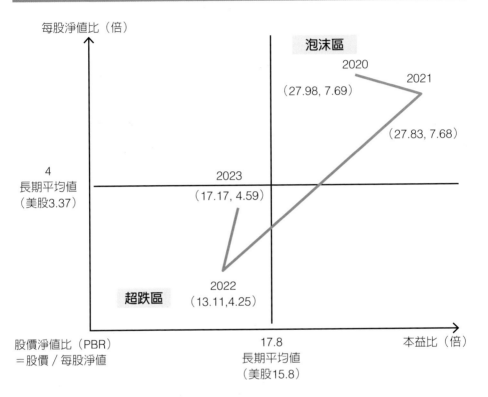

圖13-1 台積電2020～2023年的股價淨值比、本益比區

註：Y軸爲美股標普500指數。

年度	股價淨值化（倍）	本益比（倍）	月收盤價（元）
2024年5月	6.14	25.33	825
2023年12月	4.59	17.17	593
2022年12月	4.25	13.11	448.5
2021年12月	7.68	27.83	615
2020年12月	7.69	27.98	530

Chapter 14

台積電、蘋果、特斯拉投資價值公司分析

公司鑑價全景：行業生命週期——2018～2024年亞馬遜本夢比

公司鑑價（corporate valuation）是財金系大三的進階知識課程，本書以上市公司為主，主要三種倍數（本益比、股價淨值比、股價營收比）中，本益比法占98%以上，限於篇幅，其他兩種倍數法本書只好不深入討論。

本益比法遇到產業生命週期時，在導入期、成長初期，本益比會超過50倍，稱為「本夢比」（price-to-dream ratio）階段，之後落入凡間，才有正常本益比，即40倍以下。例如：2024年全球股票市值（2.3兆美元）最高的美國蘋果公司本益比32倍（股價190美元，每股淨利5.94美元）。本單元以全球零售型電子商務龍頭美國亞馬遜公司為例，從三個階段來分析。

一、常態化淨利階段

大約2008年以前，美國投資人還沒把握零售型電子商務是否會跟實體商店分庭抗禮，對亞馬遜公司股價就比較容易低估，此時宜用常態化淨利來看。

二、本夢比階段（2018～2024年）

由圖11-1可見：

（一）2018年3月31日本夢比階段

2018年3月31日本益比72倍，已達正常公司20倍的3倍，進入本夢比階段。

（二）本夢比來源：營收高速成長

由圖14-1可見，亞馬遜公司營收2006年破100億美元，達107.1億美元；2009年破200億美元，達245.1億美元，3年平均成長率43%，而且營收達100、200億美元門檻值。

三、正常本益比階段（2025年起）

· 2025年起，亞馬遜公司本益比進入正常階段。

· 2022年營收5,140億美元，成長率9.4%，已落入低成長階段。簡單的說，高成長率神話破裂，但2022年11月30日，美國開放人工智慧公司（Open AI）推出生成式對話ChatGPT，主要投資人微軟公司旗下天藍（Azue）受

益，重擊市占率第一的亞馬遜旗下之亞馬遜雲端服務公司（AWS），預測2025年本夢比消退。

年	2022	2023	2024	2025
⑴營收（億美元）	5,140	5,675	6,357	6,992
⑵每股淨利（美元）	-0.27	2.2	3.15	8.446
⑶股價（美元）	84	155	197	220
⑷本益比＝⑶/⑵（倍）	—	70.45	62.54	26

圖14-1　亞馬遜營收

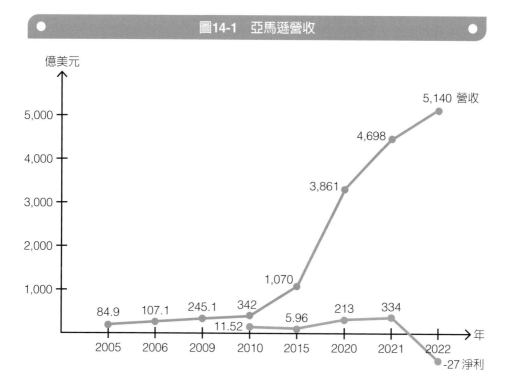

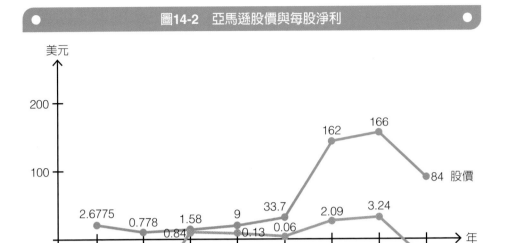

圖14-2 亞馬遜股價與每股淨利

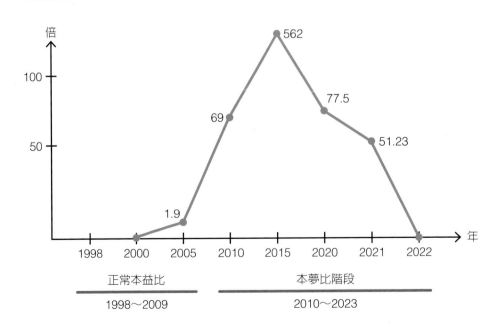

圖14-3 亞馬遜本益比＝股價／EPS

14-2　常態化每股淨利與本益比

當你用語音輸入「○○股價」，會出現同樣格式頁面：

・美國Yahoo財經特斯拉股價237美元，本益80.33倍。

・臺灣Yahoo奇摩股市，長榮海運（2606）股價155元，本益比2.26倍。

這兩支股票的本益比達80、2.3倍，皆不合理，那是投資人看走眼嗎？不是，如同你上網瀏覽「30種視覺錯覺」，讓你再也不相信自己的眼睛。同樣的，騙我們的是「歷史」每股淨利，要是我們用常態化每股淨利來打算，就會恢復成常態化本益比，本單元以2023～2027年這5年為例。

一、常態化每股淨利、本益比

由小檔案可見，常態化淨利相關觀念，係由印度裔美籍教授達摩達蘭提出，「常態」是指「正常狀態」，本書以本人（伍忠賢，2023年）方式說明。

（一）常態化每股淨利（normalized EPS）

以未來5年來說，常態化比重採取加速折舊法（1＋2＋3＋4＋5，共15年），考慮現值因素，第一年占5/15，第2年4/15，其餘類推。

（二）常態化本益比（normalized PER）

股價除以常態化每股淨利，得到常態化本益比。

二、常態化期間

一般至少用3年作為常態化期間，較少超過5年，因可見度越來越低。

常態化淨利小檔案

時：1994年。

地：美國紐約州紐約市。

人：達摩達蘭（Aswath Damodaran, 1957～），美國加州大學企管博士，有「鑑價」院長（Dean of Valuation）之稱，印度裔美國人。

事：出版書籍 *Damodaran on Valuation*（1994）。

14-3 公司鑑價情況：公司轉行──2026年蘋果公司的電動汽車本益比

2020年起，蘋果公司股票市場價值破2兆美元，成為全球第一，2022年1月3日突破3兆美元。如果一切如常，蘋果公司將會穩坐寶座，以下本單元詳加說明，詳見圖14-4。

一、資料來源

由於蘋果公司在股市中太重要，許多媒體（《華爾街日報》、CNN、CNBC等）、證券分析網站會篩選（華爾街）證券分析師（一般約42位），至少每個月做一次預測。

（一）2023～2024年之年度預測

針對「今年度」（指9月27日迄翌年9月26日）、明年度預測，有3個值（高、低、平均值），第3年度只剩16位做預測；第4年度後只剩一人。

（二）項目

有營收、每股淨利、股價。

（三）本書外插

像營收只預測到2027年、每股淨利為2026年，剩下數字都是本書採取外插法（extrapolate）補上去的。

二、營收

蘋果公司營收每年成長4%，看似低速，原本預計2026年起會從3C產業進軍第4C汽車電子與汽車，成為新成長引擎，但計畫最終於2024年2月放棄，改投入AI人工智慧領域，股價隨即由跌轉為上漲。

（一）元宇宙的蘋果眼鏡，2023年

元宇宙（metaverse）的產品比較偏重第3C消費性電子，運用擴增實境（AR）／虛擬實境（VR），運用在2023年蘋果眼鏡（Apple Glass）上，部分功能取代iPhone，售價499美元，由於零組件供貨限制，2024年產量14萬件，營收0.7億美元，無助於公司營收。

（二）蘋果汽車喊卡

2014年起，蘋果公司進行自動駕駛汽車的研發，稱為「泰坦計畫」（Project Titan），2023年3月起上路測試，原本預估2026年上市，因自動駕駛程度（L3）前景看好。但全球電動汽車已進入商品化階段，目前3,386萬輛占全球汽車銷量的30%，蘋果汽車來得太晚了，也因此計畫已告吹。

表14-1　蘋果公司營收、每股淨利與股價預測

項目	說明	
一、營收	冰島雷克雅維克市科帕沃于爾園區，2019年成立	Revenue Forecast 2023～2027年度
二、每股淨利	1. Market Watch	Apple Inc. Analyst Estimate 41位證券分析師
	2. SeekingAlpha.com	Earning Estimate 2022～2023年42位預測
三、股價	Coinpriceforecast.com	Apple Stock Forecast 2022～2030年度

圖14-4　美國蘋果公司2022～2030年股價預估

一、營收

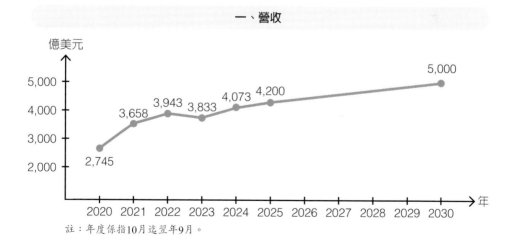

註：年度係指10月迄翌年9月。

圖14-4　美國蘋果公司2022～2030年股價預估（續）

二、每股淨利（EPS）

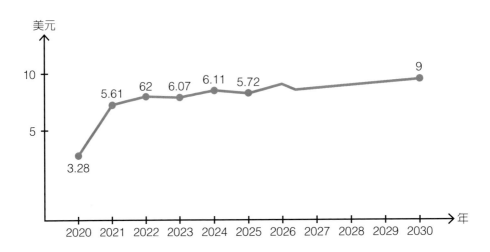

三、股價

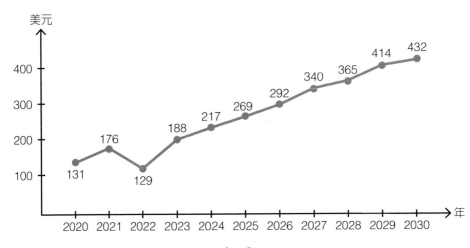

資料來源：coin price forecast. com，2023年11月5日。

近景：2024～2028年台積電股價預測──由上到下法

一、全球行業

（一）半導體業（半導體協會SIA的數字）

由表14-2可見，2023年全球高利率，經濟成長率低，消費低迷。其中，有晶片需求的通訊手機衰退4.7%。

（二）晶圓代工業（國際數據公司IC的數字）

晶圓代工業2023年產值衰退10%，台積電也差不多。

二、公司分析：台積電

（一）產能／技術

・台積電每年資本支出約350億美元（約1.1兆元），其中4,300億元用於「汰舊換新」（即折舊費用），只有0.67兆元用於擴增設備。

・技術（以微影製程為例）：2022～2024年台積電3奈米製程良率全球第一，到2025年英特爾、三星半導體才可能追上2奈米微縮製程。

（二）營收

・美元計價營收：這涉及美元兌換台幣匯率預估，依據美元利率將下跌、美元指數由103.6向100邁進之預估，美元看弱。

・台幣計價：2024～2026年每年上漲15.2%，跟晶圓代工業相近。

（三）淨利

・淨利成長率16.65%，略高於營收15.2%。

・每股淨利（假設資本額2,593億元不變），每股淨利2026年51.14元。

（四）投資價格

・這取決於每年每股淨利乘上本益比，2026年股價1,102元。

表14-2　從上到下的台積電股價預測

單位：億美元

年	2022	2023	2024	2025	2026	2024～2026年成長率（%）
一、全球行業						
（一）半導體						
·半導體協會（SIA）	5,740	5,151	5,760	6,019	6,290	4.6
·Statista	5,996	5,323	6,309	6,593	6,885	4.64
（二）晶圓代工						
⑴國際數據公司	1,431	1,288	1,400	1,646	1,850	16
·Statista	1,380	1,242	—	—	—	—
二、公司						
（一）產能／技術						
·年產能（萬片）（12奈米）	1,550	1,650	1,770	1,880	1,980	5.93
·微縮製程（奈米）	3	3	3	2	2	—
（二）營收						
⑵美元（億美元） 1$:NTD	844 30.93	678 31.12	862 31	1,004 30.8	1,147 30.5	18
⑶臺幣（兆元）	2.2639	2.11	2.56	3.09	3.498	15.2
⑷市占率＝⑵／⑴（%）	59	52.6	61.6	61	62	—
⑸淨利率（%）	44.9	37.35	37.27	39.13	39	—
⑹淨利＝⑶×⑸（億元）	10,165	7,809	9,550	12,103	13,260	16.65
⑺股數（億股）	259.3	259.3	259.3	259.3	259.3	—
⑻每股淨利＝⑹×⑺（元）	39.6	30.46	36.83	46.33	51.14	16.66
⑼本益比（倍）	11.325	21.34	22.18	19.04	21.55	—
⑽投資價格＝⑻×⑼（元）	448.5	650	817	882	1,102	26.53

超特寫：預測每股淨利——2024～2028年台積電預估每股淨利

　　花錢買股票，買的是公司未來的賺錢能力，有夢最美、希望相隨。本單元是針對台積電2024～2028年預估的營收、淨利、每股淨利、本益比與股價，一個一個步驟做，唯有假設正確，推論才會無誤。

一、產業分析：一個人的武林

　　由圖14-5可見，從X軸（12吋晶圓約當年產量）、Y軸（微縮製程技術）來看，台積電全球晶片代工市占率逾50%（2013年45%），扮演市場領導者。南韓三星半導體公司是挑戰者，但效果差；第三名以後的公司技不如人。

二、損益表

　　預測台積電損益表，最重要的項目是營收，其次是毛利率。

（一）預估營收之方法

　　由上往下的產業分析：即先預估全球半導業（主要晶片公司的外包訂單），再近景到半導體製造業，然後特寫其中晶圓代工業。如果其產值成長率達5%，台積電營收成長率是晶圓代工業的1.42倍。

（二）台積電營收的趨勢分析

　　1. 預測毛利率：台積電淨利率很穩定，主因是營業費用率約10%、營業外收支率約1%，只要預測毛利率，淨利率就可算出了。毛利率取決於產能利用率、先進（7奈米以下微縮）營收占營收比率。

　　2. 預測淨利：（預測）營收乘上淨利率，即可算出淨利。

三、資產負債表

　　每股淨利取決於淨利、股數，台積電股本2013年起便維持在2,593億元左右，至少已維持10年，看似有意固定在此。

四、股票市場：投資價值

（一）預估本益比

台積電本益比取決於大盤本益比，從2020年起，台積電本益比領先大盤，約是大盤的1.2倍。

（二）預估股價

股價等於每股股利乘上本益比，2026年預測台積電股價1,102元（見表14-2）。

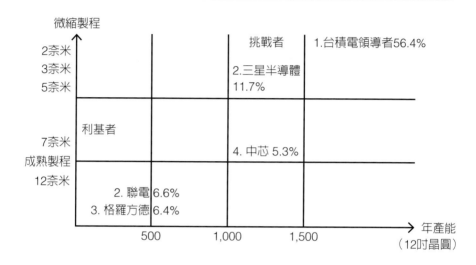

圖14-5　2023年全球晶圓代工市場市占排名與市場角色

圖14-6　台積電股價預測：技術分析

資料來源：整理自蒙古烏蘭巴托市Coin Price公司（2021年成立），2023年9月10日。

14-6 公司鑑價情況：產業衰退期──2022年下半年到2023年，長榮海運

在2022年時，使用語音輸入「長榮海運股價」，會出現股價163元、本益比1.87倍（詳見表14-3）的離譜狀況。每股淨利87.07元，股價怎麼只有163元？這必須用常態化淨利說明。

一、準租

2020年1月起，全球陷入新冠肺炎疫情中，其中之一是各國海關對人員、甚至商品的檢疫花費很長時間。以美國西岸的進口大港洛杉磯港來說，由於船多，再加上美國港口工人、卡車司機等染疫需要隔離，許多貨櫃來不及領出、以及運到國內，港口的船隻等待卸貨長達2個月。如此一來，國際運輸缺船（沒有回頭船）、缺貨櫃（回頭空櫃）、缺船員；於是主要出口國（中國大陸、歐洲、日本）公司只好出高船費搶船，船公司因此獲得額外營收、淨利。以表14-3來說，跟2019年比較：

- 2021年營收成長157%，每股淨利45.57元。
- 2022年營收成長203%，每股淨利87.07元。

二、2022年1月，本夢比破滅

2022年1月14日，中國大陸的上海出口貨櫃運價指數（Shanghai Containerized Freight Index, SCFI）到達高點360。之後，隨著全球港口塞船逐漸紓解，貨運價格大跌，海運公司暴利階段逐漸過去，詳見圖14-7。

三、計算長榮海運的常態化每股淨利

以常態化每股淨利4.537元來說，股價54元，常態化本益比12倍算低。

表14-3　2017～2023年長榮海運經營績效

項目 ＼ 年	2017	2018	2019	2020	2021	2022	2023
⑴營收（億元）	1,506	1,692	1,906	2,071	4,894	6,273	2,500
⑴股價（元）	16.35	11.9	12.4	40.7	142.5	163	100
⑵每股淨利（元）	1.97	0.07	0.02	5.06	45.57	87.07	8
⑶本益比＝⑴／⑵（倍）	8.3	170	620	8.04	3.12	1.87	12.5

圖14-7　中國大陸出口貨櫃運價指數

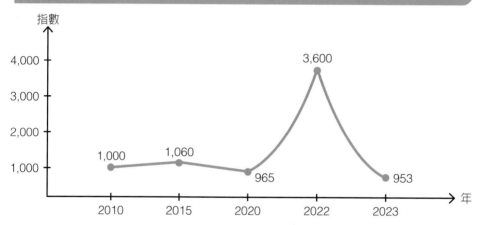

中國大陸出口貨櫃運價指數（China Containerized Freight Index, CCFI）

・時：1998年4月23日。
・地：中國大陸上海市。
・人：上海航運交易所（Shanghai Shipping Exchange）。
・事：編製涵蓋10個港口的貨櫃運價指數。

表14-4　長榮海運2023～2027年常態化每股淨利

問題	2017	2018	2019	2020	2021	2022	2023
⑴股價	163	100	60	28	28	28	2,500
⑵每股淨利	87	8	4	2	2	2	100
⑶本益比	1.87	12.5	15	14	14	14	8
⑷打折因子	—	5/15	4/15	3/15	2/15	1/15	12.5
⑸常態化淨利	—	2.67	1.067	0.4	0.27	0.13	—

註：2023～2027年常態化淨利24.557元。

公司投資價位：品牌價值 —— 2000～2014年諾基亞、三星電子與蘋果公司

公司鑑價中有一項是品牌鑑價（brand valuation），股票型基金中的品牌、精品基金，大抵是以全球前百大品牌價值公司為主。

本單元延續第11～12章，以2000～2014年全球手機三雄諾基亞、三星電子和蘋果公司為對象。囿於版面有限，將2007年6月29日蘋果公司iPhone手機分成兩時期：即2000～2006年、2007～2014年。

一、資料來源

公司品牌鑑價是行銷管理、公司鑑價課程的重點，實務上美國、英國等有許多鑑價公司在做，我採用美國紐約州紐約市國際品牌公司（Interbrand）的結果，原因有二。

（一）具公信力

2001年起，跟美國《商業週刊》合作，發表鑑價結果。

（二）歷史最久

2000年起，逐年公布全球五百大公司品牌價值，時間序列夠長，可以進行長期分析。

二、將星殞落的諾基亞

由圖14-8、14-9可知，很容易看到諾基亞的品牌價值可說是「暴起暴跌」。

（一）2000～2006年全球第6名以內

排名都在第5、6名（2004年第8名），而且是美國公司以外第一；品牌價值多數在300億美元以上。

（二）2007～2014年一瀉千里

由圖14-9可見，2010年品牌價值跌破300億美元，2011年百大品牌排名掉到10名以外，為14名，日落西山。2014年掉到第98名、41億美元。

三、路遙知馬力的三星電子

1. 2000年第43名，52億美元。

2. 2012年，三星電子手機取代諾基亞手機，成為全球手機霸主。三星電子品牌價值超車諾基亞，329億美元比210億美元，第9名比第19名，這是三星電子第一次打入百大前10名。

四、如日中天的蘋果公司

1. 2007年6月27日，蘋果公司第一支手機iPhone上市。

2. 2010年，iPhone年銷量0.4億支，在全球智慧型手機的市占率15%，品牌價值超車三星電子，221億美元比195億美元。

3. 2011年，iPhone年銷量0.72億支、市占率18%，品牌價值超車諾基亞：335億美元比331億美元。

4. 2013年，iPhone銷量1.5億支、市占率15%。2013年起，品牌價值超越可口可樂公司（2000～2012年皆第一），987億美元比792億美元，第二名字母公司（前身之一為谷歌公司）為933億美元。

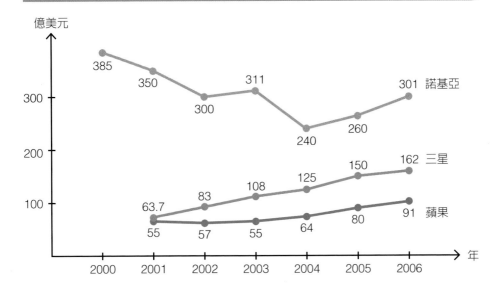

圖14-8　2000～2006年諾基亞、三星電子與蘋果品牌價值

億美元

385

350

300

311

301 諾基亞

260

240

150

162 三星

125

108

83

63.7

91 蘋果

55

57

55

64

80

2000　2001　2002　2003　2004　2005　2006　年

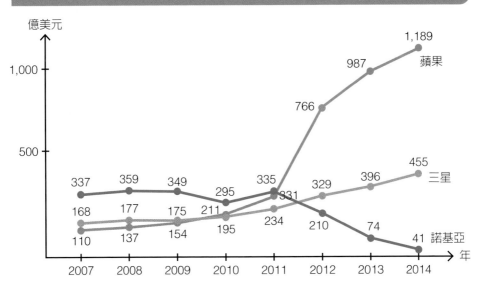

圖14-9　2007～2014年諾基亞、三星電子與蘋果品牌價值

億美元

1,189 蘋果

1,000

987

766

500

337

359

349

295

335

329

396

455 三星

331

168

177

175

211

234

210

74

41 諾基亞

110

137

154

195

2007　2008　2009　2010　2011　2012　2013　2014　年

資料來源：國際品牌公司（Interbrand）歷年資料。

股票投資風險管理

投資的風險管理

賽車特技人士常喜歡說：「這個動作是計算過風險（calculated risk）。」例如：飛車越過12部車，都是一部一部車增加，對於未嘗試過的、創紀錄的，則透過電腦軟體去模擬。計算過的風險，是指不冒不知的風險，即不做沒把握的事。

一、以開汽車為例

俗語說：「馬路如虎口。」這對開車的駕駛尤其真實，汽車時速70公里以上發生車禍，往往會有死亡之虞。開車需有經驗且專心，才能避免發生車禍。

二、風險管理的分類

風險管理（risk management）分類如下：

（一）風險管理二大類、五中類

由表15-1可見，風險管理分成二大類；第二列兩大類再細分為五中類。

（二）分類為泛用

分類是泛用的，適用於公司營運、財務風險管理，投資活動是財務管理活動的一大部分，從事金融投資最重要的是冒可接受的風險，不可能出現「初生之犢不畏虎」的情況，所以本書以一章篇幅說明投資風險管理。

表15-1 風險管理的二大類、五中類

大分類	一、風險自留 (risk retention)			二、風險移轉 (risk transfer)	
中分類	(一) 隔離	(二) 組合	(三) 損失控制	(一) 風險迴避	(二) 保險
英文	separation	combination	risk control	risk avoidance	insurance
一、駕駛汽車	(一) 危邦勿入 1. 氣候、路況不佳，不出車 2. 駕駛喝醉、精神不佳禁開車 (二) 其他	(一) 全自動駕駛（L5），省掉駕駛的誤判 註：左述可採取「指定駕駛」	(一) 汽車防撞系統 1. 強制限速 2. 預防追撞前車系統 3. 主動煞車輔助系統	—	—
二、金融投資	(一) 困難、複雜難懂的投資項不做 (二) 損失金額會導致破產的不做 (三) 針對可投資項目，設立子公司來做，以此作為防火牆	(一) 投資組合以分散風險 (risk diversification) 1. 區域分散 (reginal diversification) 2. 資產分散 (asset diversification) 3. 股票中的產業分散 4. 時間分散 (time diversification)	(一) 只買賠得起的風險，不讓損失動搖「根本」 1. 限額管理 (limited management) 2. 設立停損點 (stop-loss) 3. 風險理財 (risk financing)	(一) 風險移轉給保險公司以外的人，以衍生性商品為例： 1. 認售權證 2. 個股期貨的賣方	(一) 風險移轉給保險公司 1. 外界保險公司 2. 專屬保險公司

風險管理五中類適用時機── 伍忠賢（2023）的風險熱度圖

諺語云：「兵來將擋，水來土掩。」貼切說明面對不同衝擊（impact），應採取對應的風險管理五中類方式。本單元以本人（伍忠賢，2023）繪製的風險熱度圖說明，以你考慮以一股600元買一張台積電股票為例。

一、熱度圖起源

（一）太極

你在英文維基百科中的Heat map，可看到熱度圖觀念源自1873年，法國巴黎市的法國國家統計局局長杜桑特（Toussaint Loua, 1824～1907）使用矩陣圖呈現社會統計。

（二）太極生兩儀，兩儀生四象，四象生八卦

以熱度圖衍生出十餘種「某某熱度圖」，在風險管理範圍則是風險熱度圖。

二、風險熱度圖說明

（一）風險（risk）的定義

風險是指已知機率（probability）的損失（loss）。

（二）伍忠賢（2023）的風險熱度圖

圖15-1是本人繪製的風險熱度圖（Wu's risk heat map, 2023），此圖跟你常看到的有下列不同之處：

・第二象限圖：以座標圖X軸來呈現，0之右是正值，代表「利得」
（gains）；0之左是負值，代表損失（impact）。
・X軸：經濟學的供需曲線等X軸用以衡量數量，Y軸代表價格。
・Y軸：風險熱度原圖有兩個參數，另一參數是「機率」，以Y軸表示。
・有具體數字：X軸上數字（損失金額）視狀況（例如：個股台積電或投資組合）而定；Y軸機率也是。

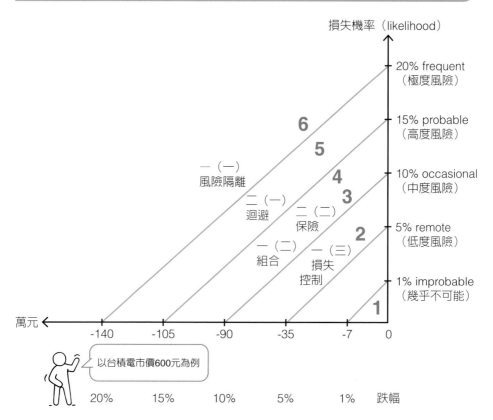

圖15-1　伍忠賢的風險熱度圖

Ⓡ伍忠賢，2023年。

三、風險管理的含義

（一）第一級：「微衝擊，機率微」（損失1%、機率1%）

此時「不採取行為」（no action）。

（二）第二級：「小衝擊，機率小」（損失5%、機率5%）

此時嚴密「監視」（monitor）。

（三）第三級：「中小衝擊，機率中小」（損失10%、機率10%）

這情況還可接受，可採第一大類風險自留中的第三中類「損失控制」。

（四）第四級：「中衝擊，機率中」（損失15%、機率15%）

以採取「投資組合」方式來說，再買一張「微衝擊，機率微」股票，把買一張台積電的中度風險，加權平均後降至「小程度」。

（五）第五級：「大衝擊，機率大」（損失20%、機率20%）

採取風險迴避方式，例如：賣出認售權證，即在現貨市場「作多」，在選擇權市場「作空」，以賺取價差。

（六）第六級：「超大衝擊，機率超大」（損失25%、機率25%）

由於預期損失值太大，如果硬要買台積電股票，可能需採取風險隔離方式，隔一層由白手套（主要是子公司）買進，不要直接掛在公司名下。

四、風險熱度圖圖示解說

（一）風險熱度圖X、Y軸（由圖15-1上的1可見）

1. X軸：損失幅度（1、5、10、15、20%）：損失幅度分6級，即1%、5%、10%、15%、20%及20%以上（以25%為代表）。

2. Y軸：損失機率（1、5、10、15、20%）：損失機率分6級，即1%、5%、10%、15%、20%及20%以上（以25%為代表）。

3. 損失程度（1～6級），從圖15-1上的1中，可看到損失程度由低往高分為6級，以台積電600元為例：

　〔1〕第1級損失幅度1%、損失機率1%：

　600元×（-1%）×1%＝-0.06元

　〔2〕第6級損失幅度25%、損失機率25%：

　600元×（-25%）×25%＝-37.5元

（二）風險管理手段與風險等級適配

俗語說：「殺雞焉用牛刀。」這代表使用工具要跟目的配合，才能有「高效益成本值」。

1. 第6級風險（損失幅度25%、損失機率25%）：此時宜採取風險管理之第一大類的第一中類「風險隔離」。

2. 第5級風險（損失幅度20%、損失機率20%）：此時投資人宜採取風險管理之第二大類風險移轉中的第一中類「迴避的風險管理方式」。

其餘情況類推。

　　風險「隔離」中的隔離（separation）這個詞，在2020～2022年全球新冠肺炎疫情中變成常識，小自在家隔離，大至一群人在檢疫所（含防疫旅館）隔離、一個城市的社區間（中國大陸稱小區）隔離；或是一個城市隔離（俗稱封城，lockdown）。同樣的，在投資股票時，風險管理中第一類「風險自留」三中類之一的「風險隔離」（risk separation），本單元將加以說明。

一、自知很重要

　　凡是需要量力而為，也就是說，做事需掂掂自己的斤兩，只做自己能力所及的事。

二、以家庭開車為例

　　買股票跟在高速公路開車有點類似，由表15-2第七列可見，跑車、房車（含CUV）、廂型車這三種車，各適用於不同家庭狀況的人。例如：1～2人、2～3人、4人以上，所以才有各種車型，車主各取所需。

　　如德國、瑞士等高速公路沒有時速限制，後來才知道，沒時速限制須有兩大必要條件。

（一）高速公路品質

　　探索頻道以1小時內容，說明德國政府把高速公路坡度（3度）、曲度、路面品質（90公分厚）做到極致。

（二）汽車品質

　　如汽車公司的「112公里時速5秒煞停」等風險降低機械設計。

三、圖形表示

　　鳥如何知道彩色（色彩鮮豔）的昆蟲（含毛毛蟲）有毒不能吃呢？大抵是靠基因遺傳，牠的菜單只有二分法：可吃、不可吃。同樣的，在投資時，人應該事先劃分出兩部分，詳見圖15-2。

可行投資區（feasible investment zone）

　　以投信公司來說，這是由研究部提出推薦股，再由基金管理部的相關基金經理（fund manager）等開會，決定哪些資產（asset）、股票是符合投資條件的，稱為可行投資區。

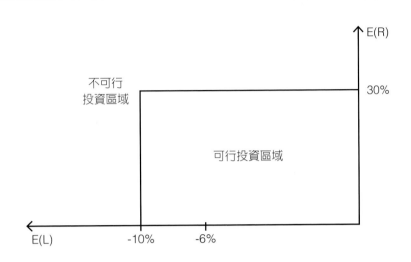

圖15-2　二分法的區分

表15-2　各年齡層適配的股票型基金類型

年齡	18〜35	36〜45	46〜55	56〜65	65+
E(R)	45%	30%	18%	9%	3%
E(L)	-15%	-10%	-6%	-3%	0%
股票型基金種類	積極成長	成長型	穩健型	保守型	—
主要產業	電子I 生技	電子II	傳統產業	金融業	—
產業生命週期	導入、成長初期	成長中、末期	成熟期	成熟期	—
轎車為例	跑車（2人座）	房車（含CUV）（5人座）	廂型車（即MPV）	同左（6〜7人座）	—

15-4 報酬率與風險的抵換（trade off）
——投資決策：兼顧報酬率與虧損率

你看到企業家、藝人的豪宅，心想：「能住在裡面多好？」僅考量最單純情況：「0」持有成本（沒有地價稅、房屋稅、社區管理費，甚至房屋維修費、清潔費），甚至只考慮你一人居住，大房子的缺點是「不方便」，在客廳、餐廳、書房（工作間）、臥房之間移動太花時間。

同樣的，投資股票是否挑選過去或預期報酬率第一的股票（例如：台積電）呢？有些人會說：「當然，投資股票就是要挑最賺的。」但這是只知其一，不知其二，因為「一分風險，三分報酬」，高報酬的另一面也是「高風險」（預期虧損率），重點是你忍受得了多少幅度的虧損率呢？

一、徐若瑄的按摩椅廣告，沒抓到重點

2020年4月8日，臺灣女歌手徐若瑄替輝葉公司的按摩椅「追夢椅」代言，片中她扮演「V總監」（註：她的英文名為Vivian），針對員工的問題：「這次的按摩椅，主要該以外觀優先？還是功能至上呢？」她回答：「小孩子才做選擇，我全都要！」這個廣告沒有抓到消費者的決策重點，除非是年收入200萬元以上家庭，否則一般家庭考量因素為商品（功能、外觀）及價格是否符合消費預算。

二、以公司多角化為例

企業管理中董事會負責公司策略，包括多角化方向、成長方式與成長速度，其中最重要的是成長方向（俗稱路線），只要路線一走岔，可能動搖根本。我看了數十篇實證論文，得到的結論是公司獲利能力跟多角化程度呈現負相關。

以表15-3上半部的「公司多角化」來說，國內水平多角「報酬率」（例如：每股淨利）最高，因為有規模報酬遞增效果，即長期平均成本曲線幾近於低點，對外可以實施削價戰，美其名是「薄利多銷」，進而擴大市占率，由寡占市場進階成獨占市場。

國內水平多角化的風險很高，就是把所有雞蛋放在同一個籃子裡。

三、股票投資的報酬率與風險的抵換

同樣的，股票投資在報酬率跟風險之間也是必須權衡，套用下面的宋詞：

「天涯何處無芳草，何必單戀一枝花。」上句是取自北宋蘇軾的〈蝶戀花‧春景〉，下句則是後人「硬湊」上去的，但用來形容股票投資組合卻很貼切。

四、波克夏公司副董事長蒙格的看法

波克夏公司副董事長查理‧蒙格對持股分散的看法如下：

（一）反對持股分散

蒙格認為投資應該分散才能降低組合風險，這個觀念是錯的。

（二）集中投資

波克夏公司集中持股在10支股票，剔除這些股票，波克夏公司營收將會非常平庸。我們從過去投資的成長經驗累積自信，好的股票投資機會不會經常有，也不會持續很長時間，所以你必須做好行動準備，甚至趁股價低時多買一些。

表15-3　公司多角化與投資人持股分散的排名

項目	報酬率	風險分散
一、公司		
（一）相關多角化		
1. 水平多角化	1，例如：25%	5
2. 水平多角化：跨國	2，例如：20%	4
3. 垂直多角化	3，例如：15%	3
4. 垂直多角化：跨國	4，例如：10%	2
（二）無關多角化		
5. 複合式多角化	5，例如：56%	1
二、金融投資		
（一）相關多角化		
1. 產業分散I	1	5
2. 產業分散II	2	4
3. 時間分散	3	3
4. 區域分散	4	2
（二）無關分散		
5. 多重資產	5	1

15-5 全景：權益風險溢價歷史沿革

本單元以股票的風險溢價（equity risk premium）為例，先拉個全景，說明歷史沿革，套用產品生命週期，分成四階段。

一、許多教科書的缺點

（一）問題

教科書直接介紹理論，忽略了點出「問題—解決之道」的過程。

（二）解決之道

所有論文都會針對過去相關的關鍵論文進行文獻探討（literature reviews）。

二、1921～1940年：導入期

（一）1924年

美國紐約市的證券業人士史密斯（Edgar L. Smith, 1882～1971）出版 *Common stock as a long term investment* 一書，他收集1866～1923年紐約、波士頓證交所股票報酬率全面資料，號稱是美國第一本股票投資的書。

（二）1938年

表15-4中第二欄1938年威廉斯教授出版《投資價值理論》，號稱是第一本明確定義、衡量權益風險溢價的書。

三、1941～1980年：成長期

（一）1941～1960年：成長初期

表15-4中，1952年馬可維茲的論文，主要是以各股報酬率的標準差作為股票風險數量的衡量。

（二）1961～1980年：成長期

以1964年夏普的論文為代表，詳見Unit15-6，這是用貝他係數作為各股風險數量的衡量。

四、1981年以後：衰退期

由於資本資產定價模型的理論、實證發展已成熟，1981年以後論文很少，大都是巴基斯坦等開發中國家學者寫的。

五、波克夏公司副董事長查理‧蒙格的看法

蒙格對這些理論的評論如下：「大學教授怎麼可以教導學生這種無稽之談呢？股價報酬變異數、貝他係數及衍生的投資組合理論，現在這樣教的教授變少了，但是還沒有絕跡。」

表15-4　權益風險溢價理論沿革

產品生命階段	導入期	成長初期	成長期
時	1938年	1952年3月	1964年
地	美國威斯康辛州	伊利諾州芝加哥市	華盛頓州西雅圖大學
人	約翰‧威廉斯（John B. Williams, 1900～1989），哈佛大學經濟博士	哈利‧馬可維茲（Harry M. Markrwitz, 1927～）	威廉‧夏普（William F. Sharpe, 1955～）華盛頓大學教授
事	出版The Theory of Investment Value 號稱第一本明確定義、衡量權益風險溢價、股票內在價值的書	出版論文，之後成為博士論文	在《金融》期刊上的論文Capital Asset Prices, pp. 425～455，論文引用次數30,500次 以股票跟大盤的相對標準差作為股票的風險高低標準

15-6　資產風險的衡量方式

一、年化標準差（Volatility），又稱波動性、波動值

　　報酬率標準差越大的股票，代表風險越大，貝他係數、年化標準差無法單獨使用，這就如同你問我：「二臺不同品牌電視，一臺可用七年、一臺可用五年，你會選用哪一臺？」我無法回答你，因為我不知道它們的售價。同理，風險就跟電視的耐用年限一樣，話只說了一半，因此還是不夠的。光靠標準差也不能得到多少結論，所以可忽略而不看。

二、貝他係數

　　貝他係數（Beta Coefficient）是由1990年諾貝爾經濟學獎得主之一的美國加州史丹佛大學教授夏普提出的資本資產定價模型（Capital Asset Pricing Model, CAPM）所計算出來的，主要在衡量股票等風險性資產必要報酬（hurdle rate）。

三、有關夏普

　　本書介紹某理論，會先列出該學者的小檔案，讓理論更有人性。夏普（Sharpe）人名跟日本家電公司夏普（Sharp）的英文只差一個字母，中文翻譯是一樣的。

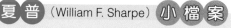

夏普（William F. Sharpe）小檔案

出生：1934年，美國加州。
經歷：史丹佛大學教授，並且多次創業，例如：1996～2003年金融引擎公司董事長。
學歷：美國加州大學洛杉磯分校經濟學博士。
榮譽：1990年諾貝爾經濟學獎三位得主之一。

四、資本資產價模型

　　1964年，夏普提出「資本資產定價模型」，詳見表15-5中公式，此公式的基本精神很簡單，即投資人對任何一支股票的期望報酬率如下所述。

（一）無風險報酬率

任何投資都有風險，所以至少要賺到無風險利率，簡單的說，至少要比銀行定存利率高，否則應把錢存在銀行。

（二）權益溢酬

投資人買股票總希望多賺一些，每支股票風險「量」（即貝他係數）不同，再乘上風險價格（Rm-Rf）。

βi（Rm-Rf）為風險溢酬，股票風險溢酬（equity risk premium），大盤的貝他係數是1，假設台積電貝他係數1.4，最白話的說法是：「台積電股票報酬率風險是大盤的1.4倍」。有個實際數字的例子，可幫助我們了解抽象的公式，本書一以貫之，以占臺股市值28%的台積電為例，表15-5可見台積電股票期望報酬率14.1%。

五、資本資產定價模型錯得離譜

假如你跟朋友玩擲硬幣猜哪一面的遊戲，玩30次以上，你贏的次數有五成，你自覺很準嗎？我看了百篇以上的英文論文，資本資產定價模型實際的解釋能力只有三成，另有七成是該模型無法解釋的。甚至更扯的是，該模型所求出的某股票期望報酬率一定是正的，但真實情況是（以2015年、2018年為例），許多股票報酬率都是負的。因此，實務界少用該模型。

表15-5　資本資產定價模型與案例

項目	資本資產定價模型
公式	E(Ri)＝Rf＋βi (Rm – Rf)
符號	E：期望值（expected） Ri：第i支股票報酬率 Rf：無風險報酬率，f代表無風險（risk-free） Rm：股市報酬率，m代表股市（stock market） βi：第i支股票風險值，β是希臘字母的β，念起來為「貝他」，即「貝他係數」，亦有譯為「貝塔」 $= \dfrac{\text{Cov(Rm, Ri)}}{\text{Var(Rm)}}$
舉例	以台積電舉例（按資本資產定價模型計算） E(R2330)＝1.5%＋1.4(10.5%－1.5%)＝14.1% i即台積電（2330） Rf：臺灣銀行一年期定期存款利率1.5% Rm：大盤5年平均漲幅，假設10.5% βi：假設台積電B＝1.4倍

貝 他 係 數 小 檔 案

你可以臺灣地標之一101大樓來舉例，當七級地震來襲時，1樓左右移動1公分，89樓左右移動1.4公分，晃動程度是1樓的1.4倍。上述與台積電貝他係數1.4倍道理相同，但我們不建議採取下面說法：「指數漲1%，台積電漲1.4%。」

美國阿拉斯加州因努伊特位處冰天雪地，當地針對雪的相關用詞便有30餘個。同樣的，報酬、風險是資產兩大屬性，也有各種衡量方式。

一、一次看到整個森林

報酬率五花八門，有如生物分類「界門綱目科屬種」上下的隸屬關係，而不是各自獨立的。由圖15-3可以一目了然，至少可以分成四層，將先討論第一層、第二層中的絕對報酬率，Unit15-8則討論相對報酬率。

二、第一層：事前vs.事後

依事情是否發生，在經濟學中常用事前（ex ante）、事後（ex post），財管中前者是預期報酬率，後者是歷史報酬率。

（一）歷史報酬率

「生米煮成熟飯」、「潑出去的水收不回來」，是對歷史報酬率（historical rate of return）的通俗描述。

（二）預期報酬率（即事前，ex ante）

2024年1月台積電股價700元，你預期到年底會漲到770元，假設沒有除息、除權，則預期報酬率如下：

$$E(Ri) = \frac{E(P1) - P0}{P0} \times \frac{365天}{365天} = 10\%$$

$$E(Ri) = \frac{770 - 700}{700} \times \frac{365天}{365天} = 10\%$$

三、絕對報酬率

李大同身高175公分，體重75公斤，這是常見的絕對衡量方式，比較清楚明瞭。同樣的，「絕對」報酬率（absolute rate of return）又分為二種衡量方式，詳見表15-7。

（一）會計報酬率（accounting rate of return）

做一筆金融交易，入帳報酬、報酬率都是會計部依照國際財務報導準則

（IFRSs）計算的，會計或財務報表的特色就是歷史成本法（除了不動產可以重估增值外），背後並沒有把貨幣時間價值（或物價上漲）考慮進去，有考慮貨幣機會成本的便是經濟報酬率（economic rate of return）。

（二）經濟報酬率

經濟報酬率又稱「實質」報酬率，詳見下式：

R − CPI = r，原式子R = CPI + r

R = 名目報酬率，CPI = 物價上漲率，r = 實質報酬率

（三）期間報酬率轉換成「年報酬率」（稱為「年化報酬率」）

李大同月薪5萬元，年領13個月；張小華月薪4萬元，年領18個月。誰的薪水比較高？以年薪來說，李大同65萬元，張小華68萬元，張小華年薪比較高。同樣的，所有期間報酬率都轉換成年報酬率，才會是站在同一個時間基準上比較。當碰到一年以上的投資，如何化成年報酬率？共有算數平均、複合平均報酬率兩種。三年以內，報酬率在10%以內，兩者的結果不會有大差異，不用太計較。

圖15-3　報酬率的種類與計算

報酬率的種類
報酬率

界	事後（歷史，ex post）　事前（預期，ex ante）
門	相對報酬率（relative rate of return）， 例如：共同基金評比的夏普比率（Sharpe ratio） 絕對報酬率（absolute rate of return）
綱	期間報酬率（period rate of return），例如：5年、10天 年（平均）報酬率（annual rate of return） 1. 算術平均報酬率　2. 幾何（或複合）報酬率
目	表示加工運算 實質（或經濟）報酬率（real rate of return） 名目（或會計）報酬率（nominal rate of return）

圖15-3 報酬率的種類與計算（續）

期間報酬率化成年報酬率，稱為「年化報酬率」

$$\frac{P1-P0}{P0} \times \frac{365天}{T} = R年化報酬率（annualized\ return\ rate）$$

$$\frac{105-100}{100} \times \frac{365}{91} = 20\%\ 期間報酬率（period\ return\ rate）$$
年化值

多年期間報酬率化成年報酬率

例如：已知2023年1月2日買股票價格100元，2024年1月2日
　　　賣股票價格120元（期間沒有除息、除權）。

❶ 算數平均報酬率（即單利）

$$\frac{120-100}{100} \times \frac{365}{730} = \frac{20\%}{2} = 10\%$$

❷ 複合平均報酬率（即複利）

$$\sqrt{(1+R)(1+R)} = 20\%$$

Ri ＝9.48%
即利滾利

15-8 相對報酬率

　　華裔美國職籃選手林書豪身高192公分，在臺灣可說鶴立雞群，但在美國職籃選手中，頂多只是中等身高。由此可見，高矮是相對的。同樣的，正確衡量報酬率要看相對報酬率。

一、從「賭大賭小」的賭博談起

　　賭場中最簡單的賭博之一是「賭大賭小」，以一顆骰子為例，你可以押「大」（比4大）、押小（比3小），輸贏機率各一半。由表15-6可見，A、B兩個賭場各推出此賭博，B賭場給贏家4元彩金，比A賭場的3元多，看似B賭場彩金較高。但如果考慮賭金後，B賭場的賭客輸了要付2元，A賭場付1元，換成「彩金賭金比」，A賭場3倍（或賠率3比1）優於B賭場的2倍。由這個簡單例子，可見A賭場是「一分風險，三分報酬」，B賭場是「一分風險，二分報酬」。

二、相對報酬率

　　相對報酬率又稱風險調整後報酬率（risk-adjusted return rate），至少有五種衡量方式，作表整理可以化繁為簡。

（一）分子：報酬率vs.超額報酬率

　　報酬率的衡量有二種：一是絕對報酬率，一是超額報酬率。學者比較喜歡用後者，因為買股票報酬率至少應該比銀行定存利率高。但基於各國同時、同一國不同年的無風險利率皆不相同，所以到最後反而「絕對報酬率」勝出。

（二）分母：風險衡量

　　風險衡量常見方式，詳見右頁表。

（三）相對報酬率

　　財務管理、投資學書中的相對報酬率，至少有五種方式。基本上，檢驗二支股票（或基金）時，五種方式結果大抵一致，即甲股票相對報酬率高於乙股票。限於篇幅，本書只介紹「夏普比率」。

三、夏普指數──單位風險溢酬

　　由美國史丹佛大學教授夏普（William F. Sharpe）在1966年所提出的夏普指數（Sharpe Index），可說是全球使用最廣的共同基金績效評比方式，連

美國最大的共同基金評鑑公司標準普爾Micropal所採取的「單位風險報酬率」（expected return per unit risk），也是源自夏普指數。夏普指數的真正名稱是「報酬率對變異數比率」（reward-to-variability ratio），有時也稱為夏普比率（Sharpe ratio）。

表15-6　報酬率的計算方法—方法1

二個賭場對「賭大賭小」的彩金與賭金

項目	A賭場	B賭場
(1) 彩金	3元	4元
(2) 賭金	1元	2元
(3)＝(1)／(2)彩金賭金比	3倍（或賠率3比1）	2倍（或賠率2比1）

表15-7　風險平減後報酬率的計算方法—方法2

(1) 絕對報酬率	(2) 風險測度	(3) 相對報酬率＝(1)／(2)
一、報酬率（R_p）	1. 標準差（σ） 此字發音為sigma，是希臘文中的第18個字母，相當於英文中的s，而用此字作為統計學上standard deviation的縮寫	1. 標準普爾Micropal公式 $R_a = \dfrac{R_p}{\sigma}$，單位風險報酬率 2. 蒙地里安尼公式 （省略）
二、超額報酬或溢酬（Excess Return, ER）＝$R_p - R_f$	2. 貝他係數 $(\beta) = \dfrac{Cov(R_m, R_i)}{Var(R_m)}$	1. 夏普指數（Sharpe Index） $R_p = \dfrac{R_p - R_f}{\sigma}$，單位風險報酬率 2. 崔納指數（Treynor Index） $T = \dfrac{R_p - R_f}{\beta}$，超額報酬率對系統風險比率 3. 詹森指數（Jensen Index） $\alpha_p = (R_p - R_f) - \beta_i(R_m - R_f)$

下標說明：a（adjusted）：風險調整後
　　　　　f（risk free）：無風險
　　　　　m（market）：（股票）市場
　　　　　p（portfolio）：投資組合，以下標i表示第i個投資組合

Chapter 16

投資組合管理

如果消費者買車時以極速為唯一選車標準，那麼跑車是唯一車款。但是有更多人開車是為了代步，不是為了尋求速度快感，因此運動休閒旅行車（SUV）才是主流（占48%）。同樣的，許多人投資是「在可接受的虧損幅度內，追求報酬率極大」。

一、人之不同，各如其面

因此，就投資組合來說，投資人至少分為五個年齡層，也就是沒有「一樣米養百樣人」這回事。換另一個角度，投資專家大都是風險管理師，很會估算虧損風險，並且不冒不必要的風險。要做到風險分散，依程度有三種方式：區域分散、持股分散和時間分散。本單元說明區域分散。

二、狡兔三窟

兔子為了避免狼、狐狸等「守株待兔」，因此常有三個以上的洞口出入，俗稱「狡兔三窟」；這個成語貼切的描寫區域分散在投資上的重要性。

三、地球村

原以為各國經濟狀況不同，因此把資金分散在幾國股市會有「狡兔三窟」的好處，但是1990年以來，全球經濟整合度提高，主要是世界貿易組織的貿易自由化、各區域整合，與全球各國的供應鏈關係，使各國經濟緊密相關，連帶的，各國股市也息息相關；越來越難有「臺股走自己的路」這種說法。表16-1可見，經濟、股市的重挫皆會衝擊全球。

四、2024年三大國與歐盟預測

（一）跟著美股走

美國物價逐漸降低，預測2024年第3季起，逐漸降低利率，此有利於家庭買車、買房，另一方面，企業投資增加，經濟成長率估計比2023年略高0.2個百分點。

（二）中國大陸

2020年9月20日，日本的共同通訊社開始宣傳「中國大陸復刻日本（經濟）失落30年（1992～2022年）的覆轍」，房市泡沫破裂、出口衰退；失業率高、

物價下跌等皆雷同，房價只下跌6%，不像日本下跌40%，房價需下跌到40%，才可能吸引買盤大幅進場。

五、當每月只有一筆小錢

當你每月只有3,000元可以投資，而且又擔心「一時一地」的暴起暴落，此時美國富蘭克林坦伯頓「全球成長基金」等，即是值得考慮的投資標的；全球基金顧名思義大抵依全球股市占比分配其資金。

表16-1　2024年預測全球主要股市表現

2023年全球三大國總產值、股市總市值

單位：兆美元

股市／總產值	歐洲	日本	中國大陸	美國
一、總產值（資料來源：國際貨幣基金預估值）				
(1) 總產值	18.537	4.45	19.38	27.74
(2) 全球總產值	111	111	111	111
(3)＝(1)/(2) 全球市占（%）	16.7	4.01	17.45	25
對全球股市衝擊	1. 2023年德國汽車出口（至中國大陸）不利 2. 經濟成長率約0.8%	1. 股市、房市上漲，正財富效果 2. 寬鬆利率政策結束	1. 2021年起房市泡沫破裂，房價下跌，造成負財富效果 2. 出口衰退	1. 2024年第2季起，可能降息，美元貶值1～3% 2. 2024年經濟成長率1.3～2%
二、股市市值（資料來源：美國彭博資訊）				
(1) 市值	14.3	6.91	18.953	54
(2) 全球總市值	110	110	110	110
(3)＝(1)/(2) 全球市占（%）	13	6.1	17.23	49
對全球股市衝擊	歐股對全球股市比較零散	2023年日股漲幅明顯	外資占陸股比重2%以下，向外撤離	1. 2023年美股初升段 2. 2024年延續初升段

產業分散理論：不要把所有雞蛋放在同一個籃子

我曾在大學教「投資管理」相關課程時，採取討論教學方式。其中一段課程是問學生：「你媽媽（或爸爸）去買菜時買了10個雞蛋，用幾個菜籃裝？」以一個生活例子來破題，說明投資組合最重要的指標：產業分散（industry diversification），本單元說明理論發展沿革。

一、追本溯源：俚語來源

由表16-2可見俚語「不要把所有雞蛋放在同一個籃子」的兩個資料來源。

二、總體金融中投資管理的發展沿革

你在谷歌之下輸入「投資組合理論」，會出現維基百科「現代投資組合理論」（modern portfolio theory），主要是以表16-3中馬可維茲（Harry Markowitz, 1927～2023）的理論為主。

表16-3中，本人把投資組合理論三階段的發展加以整理。

馬 可 維 茲 不 敢 做

有記者詢問馬可維茲：「如何處理退休基金的投資組合？」
馬可維茲說：「我應該計算出股市中列在效率前線（efficient frontier）上的股票，但我一想到股市大漲時我沒買股票，或股市大跌時我被套牢時的悲慘畫面，為了減少以後後悔，我把資金對半分在債券和股票上。」

表16-2 「不要把所有雞蛋放在同一個籃子」理論來源

時	1605、1615年	1617年
地	西班牙馬德里市	英國
人	塞萬提斯（Miguel de Cervanles, 1547～1616）	A. Sweetman
事	在《唐吉訶德》（*Don Quijote*）一書中，原文是 "Wise man to keep himself today for tomorrow, and not venture his eggs in one basket." 這是義大利、西班牙的俗語。	在國防學院（1856年班，School of Defence, SD）中，"He is a fool which will adventure all his goods in one ship." 1710在《牛津字典》中，英語俚語（proverbs）首次出現，並註明上述來源。

表16-3 現代投資組合三大理論

時	1952年3月	1964年9月	1973年5/6月
地	美國伊利諾州芝加哥市	美國華盛頓州西雅圖市	美國麻州劍橋市
人	馬可維茲（Harry Markowitz, 1927～2023）1990年諾貝爾經濟學獎得主	1. 威廉·夏普（William Sharpe, 1934～）同左 2. 其他三人	布萊克（Fisher Black, 1938～1995）休斯（中國稱舒爾斯）（Myron Scholes, 1941～）1997年諾貝爾經濟學獎兩位得主
事			
期刊	《財務》期刊上論文	同左	《政治經濟學》期刊上
論文名稱	*Portfolio Selection*	*Capital Asset Prices*	*The pricing of option and corporate liability*
頁數	77～91頁	425～442頁	637～654頁
論文引用次數	55,000次 提出投資組合理論，包括：・資本分配線（capital allocation line）・「平均數－變異數」理論（mean-variance theory）・效率前緣	30,200次 提出資本資產定價模型（Capital Assets Pricing Model, CAPM）	44,531次 提出選擇權定價理論（option pricing theory）

如果你要去市場買10個雞蛋，應該帶幾個菜籃？答案是「7個」，因為俗語說：「不要把所有雞蛋放在同一個籃子。」沒念過投資學的人也都聽過這個俗語，運用到投資學，便是指透過持股分散，降低「單戀枝頭一枝花」的風險，也就是一盒10個蛋若一不小心掉到地上，結果就會有些慘。

一、竅門是從特定風險到股市風險

買彩券全押一組號碼，優點是中獎時分最多，缺點是一旦摃龜也輸最慘，在股市中，持有一種股票的風險稱為特定風險（specific risk）。同樣的，花50萬元包牌，中獎機率大增；在股市中，把持股分在三大類股，向指數看齊，投資人所承受的風險程度也跟大盤相近。

二、有關馬可維茲

馬可維茲有「現代投資組合理論之父」的美稱，23歲（1950年）寫博士論文時，提出持股分散可以降低投資組合風險，而投資人在乎的，包括持股的預期報酬率和風險。馬可維茲的股票風險是用「股票報酬率變異數」，到了1965年，夏普提出資本資產定價模型，才以貝他係數替代變異數。另一方面，馬可維茲的選股原則是「報酬風險比」較高的。

三、哪7支股票？

「隨機選取7支股票便可以分散風險」，這個主張有3個重點。

（一）分散風險：分散風險總要有個標準，常見的是以大盤指數作為標準，以「投資組合風險」來說，大盤指數的報酬率變異數長期值在0.3左右。

（二）隨機：隨機是指「隨機抽樣」，從臺股指數成分股1,120支股票中，隨機抽取7支股票，便可接近大盤的風險水準。臺股有三大類股，各占總市值比重為：電子股60%、傳產股29%、金融股11%。

（三）7支股票：如同人攝取的營養成分宜均衡一樣，投資人隨機挑選7支股票，才比較有大盤的味道。至於臺灣的股票型基金單一持股不超過基金規模的一成，因此，持股種類應在10家公司以上。

持股分散的道理運用在飲食

2012～2014年臺灣發生一連串食品安全事件，主要有假油（以次充好）、餿水油（中國大陸稱地溝油）、毒麵粉等，一時間，甚至有百姓感嘆：「有什麼東西是安全的？」有些醫生建議，為了保險起見，以食用油來說，油的種類要輪替著用、品牌公司要換；等於是把股票投資的持股分散道理運用在食材的選擇上。

馬 可 維 茲 小 檔 案

馬可維茲因風險與利益間取捨的數學等式，贏得諾貝爾經濟學獎。

出生：1927年～2023年6月22日。

經歷：一半以上職涯在企業中，例如：1990～2000年擔任戴瓦證券信託公司
　　　研究部主任；1982～1993年擔任紐約市立大學金融學與經濟學教授。

學歷：芝加哥大學經濟學博士。

榮譽：1990年諾貝爾經濟學獎三位得主之一。

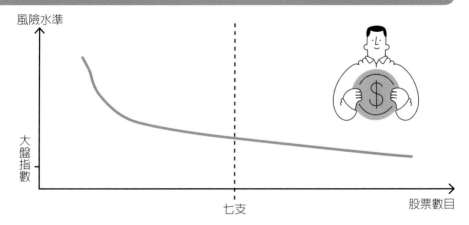

圖16-1　持股數目跟風險水準

股票型基金持股分散規定

時：2004年10月30日。

人：行政院金管會。

事：《證券投資信託基金管理辦法》第10條之8：「每一基金投資於
　　任一上市或上櫃公司股票及公司債或金融債券之總金額，不得
　　超過本基金淨資產價值之10%。」

產業分散：與投資組合時間長短分配──以臺股十一大權值股為例

　　產業分散需跟時間分散一起看，此處時間分散不是指單一股票10張分3個時間點買進，也不是股票型基金定期定額。

一、前十一大權值股

（一）資料來源：臺灣權值百大排行榜

　　stock.capital.com.tw中的「權值計算機」，以昨天、當天收盤價，把權值百大股票的權值列出，長期來說，前九名排名不太會改變。

（二）三大產業圖

　　由圖16-2可見，十大權值股約占市值45%，其他約占55%。

・科技業占7支，39.93%。

・傳產業1支，占1.51%；第10名是聯華電子（占1.156%），跟台積電同行，以第11名兆豐金取代。

・金融業3支，占3.99%。

（三）流量

　　類股成交值占當天成交值比重多寡，可由湯森路透公司、鉅亨網公布前一日「類股成交金額漲跌幅及市值比重」一窺。

二、時間分散

　　圖16-2的Y軸是以益本比（earning-price ratio, E/P ratio），或稱「每股淨利報酬率」（earning yield）分成三個級距。

（一）核心持股（core stocks）：值得投資3年以上，占持股比率50%

　　以足球隊來說，這是「後衛」與守門員，扮演「退可守」角色，要先立於「大不敗」，這類股票大都是大型績優股，股價起伏不那麼大。報酬率主要來源在於每股淨利報酬率，這種股票適合存股（stock deposit）。

（二）基本持股（primitive stocks）：值得投資1～3年，占持股比率30%

　　這種主要是中型績優股，比較像是足球隊的「中場」，扮演「進可攻，退可守」角色。

（三）攻擊性持股（aggressive stocks）：值得投資1年以內，占持股比率20%

以足球隊來說，這包括前鋒、翼鋒（從禁區兩側把球傳到禁區，俗稱「傳中」）。在股票中積極成長率為營收成長20%以上者，可作為攻擊性持股，投資目的在於賺價差（即資本利得，capital gain）。

三、投資上的含義

參見圖16-2，當我從政治大學取得企管博士後，1997年8月，在臺灣的股票上市公司食品股聯華食品工業（1231）擔任財務經理（Chief Financial Officer, CFO）時，便把這圖畫在辦公室白板上，讓董事長和我可以隨時看清2億元投資組合擺在哪些類股、時間分散。這會讓我遵守「產業分散」、「時間分散」，不會打破規則。

圖16-2　產業分散持股與臺股三大類股　（2024年2月5日）

單位：%

攻擊 20%		日月光（3711）1 廣達（2382）1.69
基本 30%	中華電 1.635 （2412）	聯發科 2.737 （2454）
核心 50%	兆豐金 0.96 （2886） 國泰金 1.147 （2882） 富邦金 1.89 （2881）	台塑化 1.51 （6505）	台達電 1.51 （2308） 鴻海 2.517 （2317） 台積電 28.85 （2330）

類股占比率 →

金融11.41%　　傳統產業27.31%　　電子61.28%

註：為避免重複，第10個聯華電子（1.156%）剔除，改以第十一大兆豐金取代。

表16-4　2022年臺股三大類股重要性衡量

單位：兆元

	⑴ 小計	⑵ 電子	⑶ 傳統產業	⑷ 金融
一、損益表				
1. 營收	40.22	27	11.42	1.8
100%	100	67.13	28.4	4.47
2. 稅前淨利	4.75	2.76	1.56	0.43
100%	100	58	32.95	9.05
二、資產負債表				
3. 資產	128.4	25.84	22.06	80.5
100%	100	20.12	17.18	62.7
4. 淨值	25.4	12.19	8.55	4.66
100%	100	48	33.55	18.35
三、股市				
1. 指數（2023.8.31） 註：半導體	100	61.28 37.34	27.31	11.41
2. 交易	100	72.8	25.39	1.81

資料來源：證券交易所之證券交易資料，2022年上市財務資料分業比較表（第22項）。

16-5 投資組合 —— 波克夏公司持股複製美國道瓊30指數

當你到一家餐廳，菜色琳瑯滿目，快速點菜最簡單的方式是，參考你最中意的鄰桌菜色，這在投資組合上也適用。

1980～2022年，華倫·巴菲特經營的波克夏公司平均報酬率約21%，超過標竿指數美國道瓊指數。2022年9月1日，我問了一個簡單問題：「波克夏公司持股跟道瓊指數差在哪裡？」有系統的做了三次表，得到表16-5。結論是波克夏公司持股是依道瓊指數，只是比重有差，並且剔除一些股票，進而做到青出於藍而勝於藍。

一、一般基金做不到

一般來說，任何一支股票型基金很難20年以上報酬率超越標竿指數，原因如下。

（一）經營層變更，人存政存，人息政息

基金公司高層（董事長、總裁）會更換，影響投資哲學（investment philosophy）。波克夏公司1964年以來都是由巴菲特擔任董事長，一路走來，投資哲學與時俱進，共有三個版本。

（二）基金經理變更，影響基金管理執行力

基金經理變更，涉及投資哲學的執行力。

二、華倫·巴菲特對產業分散的看法

- 對風險的看法：I put heavy weight on uncertainty. It's not risky to buy securities at a fraction what they're worth.
- 對產業分散的看法：Risk comes from not knowing what you're doing. Wide diversification is only required when investors do not understand what they are doing. Diversification may preserve wealth, but concentration builds wealth.

由表16-5可見，蘋果公司占波克夏公司持股50%，持股一路上升，但沒加碼，主要反映蘋果公司股價、市值上升。

三、資料來源

波克夏公司是股票上市公司，每季向證交會（SEC）提交的10.K報告中，可以看到其持股明細，少數情況下會遺漏一些。外界許多證券公司會整理，表16-5的資料來自Hedge Follow公司網站Berkshire Hathaway Portfolio。

表16-5　美國道瓊指數與波克夏公司持股明細

單位：%

分類		道瓊30		波克夏	
大分類	中分類	一、中間品	二、消費品／服務	第二階段	第三階段
一、食	1. 食材	(1)原材料1.03	(1)必須消費7.75 沃爾瑪	克羅格（Kroger）6.92	
	2. 食品			卡夫食品（Kraft）3.5	─
	3. 飲料		可口可樂		
	4. 餐廳		麥當勞5.73		
二、衣	1. 衣	陶氏杜邦	(2)非必須消費13.64 耐吉	─	─
	2. 鞋				
三、住	1. 家具		家得寶5.87		
	2. 家電	─	霍尼韋爾(Honeywell)	─	─
	3. 其他		3M、寶僑		
四、行	1. 飛機	(2)工業14.64 波音4.13			
	2. 汽車	開拓重工4.67	(3)能源2.97 雪佛蘭	5.93	
	3. 燃料			西方石油6.13	
	4. 通訊		蘋果 (4)通訊2.45 威訊通訊（Verizon）		50
五、育	1. 藥品	安進4.33	(5)醫療保健18.76 強生 沃爾格林	─	德維特（Davita）1.04：血液透析（俗稱洗腎）連鎖診所
	2. 醫院				

表16-5　美國道瓊指數與波克夏公司持股明細（續）

單位：%

分類		道瓊30		波克夏	
大分類	中分類	一、中間品	二、消費品／服務	第二階段	第三階段
六、樂	1. 電腦		(6) 資訊科技18.62 微軟6.63		惠普0.48
	2. 網路	―	賽富時4.33	―	Versighn 0.83
	3. 休閒 娛樂		迪士尼		
七、金融	1. 銀行		(7) 金融20.15 高盛6.08 威士4.64	美國銀行9 花旗0.73 運通卡7.23 萬士達卡0.5	
	2. 保險	―	旅行家 聯合健康（保險） 6.63	0.57	―
	3. 證券		集團10.04	慕迪2.49	

®伍忠賢，2023年10月22日。

波克夏公司「超」道瓊30指數

基於篇幅平衡考量,本單元說明波克夏公司股剔除麥當勞、富國銀行。

一、指數權重部分

(一)以道瓊指數為公版

道瓊指數是由30個行業的龍頭公司所組成,且各公司歷史悠久,等於經濟上的護城河。

(二)道瓊指數產業比重

道瓊指數以第二大類「消費品/服務」中的三中類為主,即:「育」的醫療保健業占18.76%,其次是「樂」的資訊科技業占18.62%,金融股占20.15%(其中聯合健康保險占6.03%)。

(三)波克夏公司產業比重

波克夏公司最大持股如下:科技類股占60%、其中蘋果公司占50%,簡單的說,波克夏公司已不像股票型基金單一持股不超過淨值10%。

二、持股大同小異

以「消費品/服務」中持股比重較大的兩類為例,說明道瓊30指數與波克夏公司持股成分差異。

(一)「食」(必需性消費,**consumer staples sector**,「食品加上家庭日用品」)

- 道瓊30指數:沃爾瑪(量販店為主)。
- 波克夏公司:克羅格(Kroger)超市。

(二)「樂」中的休閒娛樂

- 道瓊30指數投資電影為主的迪士尼。
- 波克夏公司投資網路電動遊戲動視(Activision Blizzard)。

三、成分股出問題,就從持股明細剔除

當我們把道瓊指數30支股票一支一支去查看,波克夏公司大都買過,等到政府主管機關處罰某公司,波克夏公司就可能將其剔除,換同業中的二哥頂替,下一段以兩家公司為例。

四、巴菲特剔除哪些股票

（一）食品餐飲業中的麥當勞

1994年波克夏公司開始投資麥當勞，但到了1998年年底，幾乎全部出清，平均成本22美元，1994年收盤8美元、1995年12.43美元、1994年22.72美元，之後2000～2006年下跌，2006年回到28.24美元。

（二）金融業中的富國銀行

2022年5月20日，美國網路雜誌*The Money Fool*上，Bram Berkowitz的文章 "Warren Buffet and Bershire Hataway are done with Wells Fargo. Should you follow lead?" 說明波克夏公司2019年第4季起到2021年5月，幾乎出清富國銀行持股，主因是2002～2016年施壓行員作假帳。2020年2月22日左右，富國銀行跟司法部、證券交易委員會達成和解，富國銀行支付30億美元罰款。2019年股價50.18美元、2020年29.27美元、2021年47.16美元。

國家圖書館出版品預行編目（CIP）資料

超圖解投資規劃與管理/伍忠賢著. -- 一版. --
臺北市：五南圖書出版股份有限公司, 2024.08
　面；　公分
ISBN 978-626-393-432-0(平裝)

1.CST: 股票投資 2.CST: 投資管理 3.CST: 投資
分析 4.CST: 個案研究

563.53　　　　　　　　　　113007984

1FST

超圖解投資規劃與管理

作　　　者 ― 戴國良

企 劃 主 編 ― 侯家嵐

責 任 編 輯 ― 侯家嵐

文 字 校 對 ― 石曉蓉

封 面 完 稿 ― 封怡彤

內 文 排 版 ― 賴玉欣

出　版　者 ― 五南圖書出版股份有限公司

發　行　人 ― 楊榮川

總　經　理 ― 楊士清

總　編　輯 ― 楊秀麗

地　　　址：106臺北市大安區和平東路二段339號4樓

電　　　話：(02)2705-5066

傳　　　真：(02)2706-6100

網　　　址：https://www.wunan.com.tw

電 子 郵 件：wunan@wunan.com.tw

劃 撥 帳 號：01068953

戶　　　名：五南圖書出版股份有限公司

法 律 顧 問：林勝安律師

出 版 日 期：2024年8月初版一刷

定　　　價：新臺幣420元

經典永恆・名著常在

五十週年的獻禮——經典名著文庫

五南，五十年了，半個世紀，人生旅程的一大半，走過來了。
思索著，邁向百年的未來歷程，能為知識界、文化學術界作些什麼？
在速食文化的生態下，有什麼值得讓人雋永品味的？

歷代經典・當今名著，經過時間的洗禮，千錘百鍊，流傳至今，光芒耀人；
不僅使我們能領悟前人的智慧，同時也增深加廣我們思考的深度與視野。
我們決心投入巨資，有計畫的系統梳選，成立「經典名著文庫」，
希望收入古今中外思想性的、充滿睿智與獨見的經典、名著。
這是一項理想性的、永續性的巨大出版工程。
不在意讀者的眾寡，只考慮它的學術價值，力求完整展現先哲思想的軌跡；
為知識界開啟一片智慧之窗，營造一座百花綻放的世界文明公園，
任君遨遊、取菁吸蜜、嘉惠學子！